KB220021

金熙祥 著

울이글들

京城 永昌書館 藏版

自序

이제 붙어 二十七八年前에 제가 培材學堂에 通學하야 英語를 工夫하든 때 光武五年 夏

期放學의 休暇를 利用하야 前日에 배운 바 英語文法을 複習하기 爲하야 그 것의 全部를

울이 말로 飜譯하야 보았다 그 飜譯이 다 맞치어 진 뒤에 그 飜譯한 것을 열어 번 읽

어보다가 『울이 말에도 이러 한 것이 잇엇으면』 하는 늣김이 스스로 일어 나왔다 이 늣

김이 이 글의 動機가 되야 그 뒤로 붙어는 恒常 마음을 이 方面에 기울이어 오았으나

當初 붙어 울이 글에 素養이 없는 저로 한 낫 英語文法飜本을 가지고 울이 말 文法

을 만들기에 基礎를 삼고자 한 것은 實로 蒼々 하고 果然 漠々 한 일이었다 저의 늣

긴 바 생각은 좋으나 實地로 그 생각을 잉 끌어 世間에 한 낫 貢獻을 하야 불이라고

한 것은 한 낫 妄計이오 空想이었다 躊躇도 하았고 열어 次例 落心도 하

았다 그러 하나 그 뒤에 울이 말에 關係 되는 많은 書籍을 읽어서 좋은 參考를 을게

된 同時에 이에 對한 늣김은 더욱 懇切하얐다 그러 하야 隆熙二年二月에 透徹한 研究는

없으나 不斷의 誠勤을 싸은 結果 試驗的으로 初等國語語典을 著述하야 當時 學部의 檢定

을 받아서 私立學校 國語科 初等敎育 學生用으로 刊行하았고 또 그 이듬 해 十二月에

이것을 重刊 하였다 그 後에는 한 발 자최를 더 나아 가아 中等程度의 語典을 刊行

하고자 하야 이것의 著作에 廢心한지 二年되는 十月에 이틀 맞치어 參考兼教科書로 刊

行 하얐다 그러 하나 이때는 벌서 울이의 大局이 달르게 된 때이라 朝鮮語 그 것을

重하게 역이지 않이 하얐거든 함을며 그 研究이야 그 언의 地境에 일을 었짔는야 世道는

억웃 나고 人心은 板蕩하여 가며 波瀾은 쉬지 않고 曲折은 重疊하야 萬事에 頭緒를 헤알

이기 열여운 그 사품에 저의 年來 經營하야 오든 그 것은 顯著한 效果를 보지 몰하

고 짐짓 水泡에 돌아 간 늣김이 있었다

그 뒤 數年을 지나서 울이 글을 研究하시는 별어 人士들의 글이 또 다시 次々

世間에 날아 남을 딿아 저의 먹음어 오든 뜻은 새로히 굳세게 되는 同時에 그 을어 한

움작임에 말미암아 非常한 깨달음을 을었다 그러 하야 이 글을 쓰기 始作하야 맞치기는

三年前이있다 그 해 끔 再昨年에 저는 開城 好壽敦女校에 한 살암으로 參席하게 되야爾

來 三年間 을이 말을 教授하면서 이 글의 實地 試練을 하야 본 結果 될수 있는 대까

지 刪削과 訂正을 하야 본 貌樣이나 그러 하나 이것이 오히려 欠處가 없다고 할 수

가 없은즉 함을며 世間에 날아 나일만 한 價値이야 더군다나 있을야 事實上 時손 더

걸닐지언정 이것을 더욱 磨琢을 하거나 大方家의 法評을 더 밧지 않기 하면 完全한 地

境에 일을었다고 할 수가 없으나 널어 빗의 勸請도 있을뿐 않이라 僉하야 今年이 울이

글 끝 正音의 領布 된지 八週甲이 되는 해이기 特히 그를 記念하기 爲하야 內容의 不

備와 不足을 不拘하고 이를 刊行하기로 한 바이다

이 글은 울이 朝鮮 살암이 울이 말을 발르게 옴기고 울아 글를 발르게 쓰기를 뜻하고

징은 것인이 이 글의 뜻을 大體로 들어 말하자 하면

○묵..........留

○뮹..........束

의 『묵留』은 ㄱ 밭침 한아로 되고 『뮹束』은 ㄱ 밭침 둘로 된 것과 같이 한 單字의 字

母의 綴字 (Spell)를 같아 치는 字學도 않이오

○봄..........日氣가 더뜻 하야 昆虫이 움작이고 草木이 崩動하며 꽃이 피는 때

○가을..........日氣가 서늘 하야 찬 설이가 날이고 草木이 荒落하야 겨을 節로 向하는 때

와 같이 한 單語의 뜻을 解釋하는 字典도 않이오

○매암이..........그 우는 솔애가 매암 매암 함으로 『蟬』을 『매암이』이라 한다

○코길이..........그 코가 길게 되얏음으로 『象』을 『코길이』이라 한다

와 같이 한 單字의 語原을 研究하는 語學도 않이오

○『他關에서 故鄕을 밭아 본이 길억이 날아간다』를

『山 설고 물 설은 千里 他鄕에서 恨 많코 情 같은 故鄕을 넉 없이 밭아 본이 새

벽 달 찬 설이에 뜻 없는 길억이는 그 무엇을 굴이는지 九曲 肝腸이 머이어 지도

록 슾이 울면서 날아 간다』

로 하는 것과 같이 한 마듸 말의 그 늣김을 더욱 懇切히 하거나 그 體裁를 더욱 알

암 다웁게 하는 文學도 않이오

어엿분⋯⋯形容詞

가⋯⋯⋯⋯吐

꼿⋯⋯⋯⋯名詞

딴⋯⋯⋯⋯動詞

을⋯⋯⋯⋯吐

아해⋯⋯⋯名詞

다⋯⋯⋯⋯吐

둘을 모크어

어엿분 아해가 꼿을 딴다

와 같이 主語와 述語 或 客語를 가추어 한 完全한 句語를 일우어 울이의 竟思를 벼플

어 말로 옴기며 글로 쓰고자 하는 文法이다

이 文法이라 하는 것은 우에 보인 바 열어 가지 條件에 견주어 보면 매우 單純하니 또

한 편으로 헤알이어 보면 文學과 關係 됨이 至極히 重大하다 文學上 글의 感情

을 자아 나이기와 꿈이기의 善不善은 作者 그 이의 솜씨에 달히어 左右 되지

와 詞을 모듸어 말이나 글을 組織하는 方法은 반듯이 文法을 말미암지 않이 하면 말이

말 다읍지 몰하고 글이 글 다읍지 몰 하게 된이 음지 이를 汗漫히 역일야

이에 말미암아 울이 朝鮮 살암 된者로 울이의 말이나 글을 갈 알아야 할 것은 當然한

天職이오 依例히 할일이다 더 말할 것도 없거니와 以外에 울이가 또 달른 이의 말이나

글을 배오기에도 그 말이나 그 글을 本位로 삼지 말고 울이의 固有한 文法에 견주어 그

것을 배오는 것이 더욱 便利하겠으며 또 울이의 말이나 글른 이에게 갈아 치어 알

게 하기에도 또한 울이 글의 素養이 있어야 알암 다운 成績을 걷을 것이다 울이 일을

울이가 하야야만 될 울이 열어 讀者는 이點에 對하야 潛心하야 주시기을 附託하여 두이

글에 造詣가 깊고도 높은 열어 人士들은 이틀 厅正하야 後日 울이 學界에 더욱

法이 날아 나게 하시기 틀 발안다

正音 頒布 八週甲 丙寅 九月

開城

好壽敦女校圖書室에서

編輯의 內容

一、이 글은 이제 通用 되는 말의 音과 法에 말미암아 잡은 것

一、이 글의 쓰인 次例는 三編에 나누어 第一編에는 율게、第二編에는 詞、第三編에 句語로 한 것

一、열어 가지 音이나 詞이나 句語를 說明하기에는 뜻과 實例를 아울러 들어 研究에 便宜를 더 한 것

一、울이 말中 漢字로 된 것은 大槪 漢字를 그 대로 쓴 것

一、漢字로 된 말의 音은 그 本音대로 적은 中 다만 韻音의 는 ㅏ로 쓴 것

一、말의 標準은 서울 말로 한 것

一、한 마듸 말의 句節 뜨임은 詞를 本位로 하야 各各 뜨이고 吐는 그 詞에 붙치어 쓴 것

目錄

울 이 글 틀

金 熙 祥 著

글 틀의 뜻

울이 글 틀은 울이 朝鮮 말을 발르게 옴기기와 발르게 쓰기를 갈아 치는 틀이나 분새이다

第一編 솔 애

第一章 말과 글

第一節 말

말이라 하는 것은 울이의 意思를 날아 나이는 것인이 이에 솔애와 詞와 句語의 세 가지가 있다

(一) 솔애이라 하는 것은 울이의 허파가 움작이어 그 움작이는 힘이 空氣에 말미암아 목 청에 울니여 목 구멍으로 나아 오는 것인이 아모 뜻도 없는 것이다

(二) 詞이라 하는 것은 솔애에 對하야 한 낫 事物의 뜻을 붙치는 것인이 끔 單語이다

(三) 句語이라 하는 것은 詞 끔 單語가 모이어 한 完全한 뜻을 일우는 것이다

이에 말미암아 솔애에서 句語에 일으는 알과 같이 되는것이다

【솔애】　　　『詞』　　　『句語』

꼿 ……… 花
이 ……… 吐
펀 ……… 發
다 ……… 吐

꼿이펀다

【풀이】 이 우에 보인 바 『꼿』『이』『펀』『다』를 한 낫식 옴기어 보면 다만 그러한 솔애가 될뿐이오 아모 뜻도 없으나 『꼿』에는 『花』이라 하는 뜻을 불치고 『이』에는 『이』라 하는 뜻을 불치고 『펀』에는 『發』이라 하는 뜻을 불치고 『다』에는 吐 되는 뜻을 불치어서 各々 그 솔애로 하야금 詞가 되도록 하고 또 그 詞 『꼿』『이』『펀』『다』를 몸이어 『꼿이펀다』이라 하는 句語를 일우는 것이다

第二節 글

글이라 하는 것은 말 솔애의 비로소믈 代身하야 지는 것인이 이에 字母와 單字와 글월의 세 가지가 있다

(一) 字母이라 하는 것은 말 솔애의 비로소믈 代身하야 지는 불음이다

(二) 單字이라 하는 것은 字母가 모이어 한낫 詞이나 吐를 일우어 날아 나이는 것이다

(三) 글월이라 하는 것은 單字가 모이어 한 完全한 意思를 날아 나이는 것이다

이에 말미암아 字母에서 글월에 일으는 次序

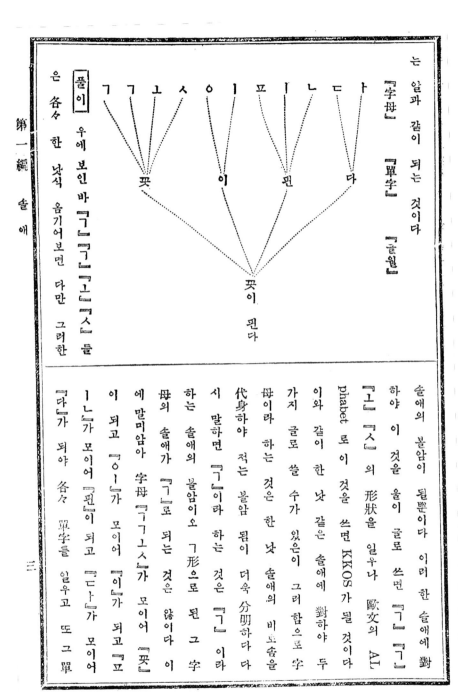

는 알과 같이 되는 것이다

『字母』　『單字』　『글월』

ㄱ　ㄱ　ㅗ　ㅅ　ㅇ　ㅣ　ㅍ　ㄴ　ㄷ　ㅏ

꼿　　이　　핀　　다

꼿이 핀다

『풀이』 우에 보인바 『ㄱ』『ㄱ』『ㅗ』『ㅅ』들
은 各수 한 낫식 옴기어보면 다만 그러한

솔애의 볼암이 될뿐이다 이러한 슬애에 對
하야 이것을 울이 글로 쓰면 『ㄱ』『ㄱ』
『ㅗ』『ㅅ』의 形狀을 일우나 歐文의 Al-
phabet 로 이것을 쓰면 KKOS가 될 것이다
이와 같이 한 낫 같은 솔애에 對하야 두
가지 글로 쓸 수가 있음이 그러함으로 字
母이라 하는 것은 한 낫 솔애의 비ᄅᆞ솜을
代身하야 적는 볼암 됨이 더욱 分明하다 다
시 말하면 『ㄱ』이라 하는 것은 『ㄱ』이라
하는 솔애의 볼암이오 ㄱ形으로 된 그 字
母의 솔애가 『ㄱ』로 되는 것은 않임이다 이
에 말미암아 字母 『ㄱㄱㅗㅅ』가 모이어
이 되고 『ㅇㅣ』가 모이어 『이』가 되고 『ㅍ
ㅣㄴ』가 모이어 『핀』이 되고 『ㄷ
ㅏ』가 되야 各々 單字를 일우고 또 그 單

字「뜻」이「뜻다」가 모이어 비로소「뜻이
씬다」이라 하는 한 낫 글월이 되는 것이다

이우에 말한 바 말과 글의 全部는 알과 갓

다

말 {
　詞　솔애
　字母

　單字　字
　句語　글월　글

第二章 울이의 말과 글

第三節 울이의 말

울이의 말이라 하는 것은 울이 朝鮮
살암끼리 그 意思를 서로 날아 나이기
에 쓰이는 말이다

第四節 울이의 글

울이의 글이라 하는 것은 울이 朝鮮

말을 代身하야 적는 것인이 그 일음을
正音이라 하며 또 反切이나 諺文이라
고도 일갈른다

[풀이] 「正音」이라 하는 뜻은 울이의 말 솔
애에 발우 맞는 솔애이라 함이오 「反切」이
라 함은 『君』의 初聲 『ㄱ』와 『覃』의 中聲
『ㅏ』가 모이어 『가』를 일우는 것과 같이
거저기 音을 버히어 맞친다 하는 뜻이오
諺文이라 하는 것은 俗된 글이라 하는 뜻
이다

第五節 正音

正音에 울이 말 솔애의 비로솜을 代身
하야 적는 字母가 슴을 여답이 있은이
그 形狀은 알과 갓다

ㄱ ㅋ ㅇ ㄷ ㅌ ㄴ ㅂ ㅍ ㅁ ㅈ ㅊ

ㅅ ㅎ ㆆ ㅇ ㄹ △ 、一丨ㅗㅏ
ㅜㅓㅛㅑㅠㅕ

[풀이] 이 字母의 次序는 訓民正音에 쓰인 대
로 적은 것이다

第六節　字母의 비로소음과 그 솔애

字母의 비로소음과 그 솔애는 알과 같다

ㄱ……『君군』의 첫 솔애인이 끔 『ㄱ』을
멸은 남저지 되는 솔애
목 구멍을 잡고 (一)이라고 솔애
를 나이면서 목구멍 을 여는 것

ㅋ……『快쾌』의 첫 솔애인이 끔 『쾌』를
멸은 남저지 되는 솔애
『ㄱ』보다 굴 세게 (一)이라고 솔애
를 나이어 질르는 것

ㆁ……『業업』의 첫 솔애인이 끔 『ᅌᅥᆸ』을
멸은 남저지 되는 솔애
목 구멍에서 비롯 하야 코 구멍
으로 (一)이라고 솔애를 나이어 질
르는 것

ㄷ……『斗두』의 첫 솔애인이 끔 『ㄷ』을
멸은 남저지 되는 솔애
『ㄴ』보다 굴 세게 (一)이라고 솔애
를 나이면서 혀의 끗을 뚝 뜨이
는 것

ㅌ……『呑ᄐᆞᆫ』의 첫 솔애인이 끔 『ㅌ』을
멸은 남저지 되는 솔애
『ㄷ』보다 굴 세게 (一)이라고 솔애
를 잔뜩 나이어 질르면서 혀 끗
을 탁 뜨이는 것

ㄴ……『那나』의 첫 솔애인이 끔 『ㄴ』를 혀의 꼿을 天井에 닿이고 솔애를 나이면서 혀 꼿을 다시 (ㅡ)이라 꿍읍게 뜨이는 것

멀은 남저지 되는 솔애 알과 우의 입살을 담읗고 솔애를 나이면서 입살을 다시 (ㅡ)이라 꿍읍게 뜨이는 것

ㅂ……『彆별』의 첫 솔애인이 끔 『ㅂ』을 멀은 남저지 되는 솔애 『ㅁ』보다 굴 세게 (ㅡ)이라고 솔애 뚤 나이면서 입살을 뚝 뜨이는 것

ㅍ……『漂표』의 첫 솔애인이 끔 『ㅍ』를 멀은 남저지 되는 솔애 『ㅂ』보다 굴 세게 (ㅡ)이라고 솔애

ㅁ……『彌미』의 첫 솔애인이 끔 『ㅁ』를 뜨이는 것

ㅈ……『卽즉』의 첫 솔애인이 끔 『ㅈ』을 멀은 남저지 되는 솔애 『ㅅ』보다 굴 세게 (ㅡ)이라고 솔애를 나이면서 혀 꼿을 뚝 뜨이는 것

ㅊ……『侵침』의 첫 솔애인이 끔 『ㅊ』을 멀은 남저지 되는 솔애 『ㅈ』보다 굴 세게 (ㅡ)이라고 솔애를 잔뜩 나이면서 혀 꼿을 락 뜨이는 것

ㅅ……『戌슐』의 첫 솔애인이 끔 『ㅅ』을

떨은 남저지 되는 솔애
알파 우의 너를 담을고 혀 꿋을
우 니에 닿이고 그 사이로 (一이
라고 솔애를 나이면서 혀 꿋을 다
시 공웁게 뜨이는 것

ㅇ…… 『扼흡』의 첫 솔애인이 끔 『ㅂ』을
떨은 남저지 되는 솔애

『盧허』의 첫 솔애인이 끔 『ㄱ』를
잔힘을 쓰면서 (一)이라고 솔애를 나
이는 것
허파에 거운을 들이었다가 〔끔 안
떨은 남저지 되는 솔애

ㅎ…… 『盧허』의 첫 솔애인이 끔 『ㄱ』를
떨은 남저지 되는 솔애
허파를 움작이어 목 청을 울니지
않이 하고 목구멍으로 (一)이라고 그
운을 가만히 나이어 보나이는 것

ㆁ…… 『欲욕』의 첫 솔애인이 끔 『ㆁ』을
떨은 남저지 되는 솔애
아모 것도 없음을 날아 나이는 볼
암

ㄹ…… 『閭려』의 첫 솔애인이 끔 『ㄹ』를
혀의 꿋을 들어 굴너면서 (一)이라
고 솔애를 나이는 것

△…… 『穰샹』의 첫 솔애인이 끔 『ㅿ』을
떨은 남저지 되는 솔애
『ㄹ』와 『ㅎ』의 合한 솔애이나 『ㅇ』
와 비슷 한 솔애이라고 하나 아
즉까지 仔細한 質定이 없으며 또
이제 쓰이지 않이 한다

ᴗ…… 『呑ᄐᆫ』의 가운대 솔애인이 끔 『ㄹᄐᆫ』

와 『ㄴ』를 덜은 남저지 되는 솔애

『ㅣ』와 『ㅡ』의 合한 솔애이라고 하

나 아즉 確實한 質定이 없다

一........『卽즉』의 가운대 솔애인이 끔『ㅈ』

와 『ㄱ』를 덜은 남저지 되는 솔애

허파를 움작이어 목 청을 울니면

서 목 구멍으로 거침 없이 울곳

게 솔애를 나이어 질트는 것

一........『侵침』의 가운대 솔애인이 끔『ㅊ』

와 『ㅁ』를 덜은 남저지 되는 솔애

목 구멍에 혀 줄기를 당이고

이라고 솔애를 울곳게 나이는 것 (一)

그........『洪홍』의 가운대 솔애인이 끔『ㅁ』

와 『ㅇ』을 덜은 남저지 되는 솔애

입을 음을이면서 (一)이라고 울곳게

솔애를 나이는 것

ㅏ........『覃담』의 가운대 솔애인이 끔『ㄷ』

와 『ㅁ』를 덜은 남저지 되는 솔애

애를 울곳게 나이는 것

입을 左右로 벌이면서 (一)이라고 솔

ㅓ........『君군』의 가운대 솔애인이 끔『ㄱ』

와 『ㄴ』를 덜은 남저지 되는 솔애

입을 떼묵 하게 나이어 밀면서

(一)이라고 솔애를 울곳게 나이는

것

ㅑ........『業업』의 가운대 솔애인이 끔『ㅇ』

과 『ㅂ』를 덜은 남저지 되는 솔애

입을 알과 우으로 벌이면서 (一)이

라고 솔애를 울곳게 나이는 것

ㅕ........『欲욕』의 가운대 솔애인이 끔『ㅇ』

와 『ㄱ』를 덜은 남저지 되는 솔애

『ㅣ』와 『ㅗ』의 合한 솔애

ㅑ……『穰양』의 가운데 솔애인이 끔 『△』
와 『ㅇ』을 덜은 남저지 되는 솔
애

『ㅣ』와 『ㅏ』의 合한 솔애

ㅠ……『戌슐』의 가운데 솔애인이 끔 『ㅅ』
와 『ㄹ』를 덜은 남저지 되는 솔애

『ㅣ』와 『ㅜ』의 合한 솔애

ㅕ……『瞥별』의 가운데 솔애인이 끔 『ㅂ』
와 『ㄹ』를 덜은 남저지 되는 솔애

『ㅣ』와 『ㅓ』의 合한 솔애

[풀이]　이 것들은 李朝 世宗 二十八年에
頒布 된 訓民正音에 分別 된 바인이 二十
八字母의 中 (一)가 몰은 솔애의 中心이다

第七節　字母의 種類

字母는 그 솔애의 일우어 진 됨됨이에
말미암아 母音과 子音의 두 가지로 나
누인다

(一) 母音이라 하는 것은 목 구멍에서
올끗게 나아오는 것인이 이에 딿
인 것들은 알과 같이 열 한 아 가
있다

ㅡ ㅣ ㅗ ㅏ ㅜ ㅓ ㅛ ㅑ ㅠ ㅕ

[풀이]　이 것들은 을끗은 喉音이다 訓民正
音에 일은 바 中聲으로 옴기어 지는 것인
이 솔애의 母體이다 읊어 한 學說에는 이
것을 홀 솔애라 한다

(二) 子音이라 하는 것은 母音 『ㅡ』가
목 구멍에서 나아 오아서 열어 가

지(혀、나、입살、코)의 말우 자임

을 받아서 옴기어 지는 것인야 이

에 닿인 것들은 알과 같이 열 일

곱이 있다

ㄱ ㅋ ㆁ ㄷ ㅌ ㄴ ㅂ ㅍ ㅁ ㅈ ㅊ

ㅅ ㅎ ㆆ ㅇ ㄹ △

[풀이] 이 것들은 第六節에 말미암아 喉音

舌音 齒音 脣音 鼻音 轉舌音의 여섯 가지

로 區別 된다 訓民正音에 일른 바 初聲이

나 終聲으로 옴기어 지는 것인이 솔애의

子體이다 음어 한 學說에는 이것을 닿 솔

애이라 한다

母音과 子音에 對하야 或 父音과 母音이라

고도 하며 或 陽切과 陰切이라고도 한이 그

父音과 母音이라 일갈름은 倫理의 相生을 뜻

하는 것이오 陽切과 陰切이라 일름은 陰陽

의 調和를 갑아 침이다 그러 하나 이 제

이 글에 母音과 子音이라고 쓴은 솔애의 일

우어 진 됨됨이에 말미암고 또 一般 살암

들이 임에 그러 하게 일갈름에 불 좇침이다

그러 한대 喉音은 前節에 보인 바 갈이 母音은 純

全한 喉音으로만 옴기어 지나 子音은 열어

가지 音으로 옴기어 진이 고 옴기어 짐의

갈파를 나누어 보면 알과 같다

喉音　ㅇ ㆆ ㅎ ㄱ ㅋ

舌音　ㄴ ㄷ ㅌ

齒音　ㅅ ㅈ ㅊ

鼻音　ㆁ

脣音　ㅁ ㅂ ㅍ

轉舌音　ㄹ △

또 이 우에 보인바 한 가지 音에 딸인 子音들의 그 음기어 지는 勢를 다시 따지어 보면 알과 같다

喉音
ㅇ보다 ㆆ이 굴 세고 ㆆ보다 ㅎ가 굴 세고 ㅎ보다 ㄱ보다 ㅋ가 굴 세다

舌音
ㄴ보다 ㄷ가 굴 세고 ㄷ보다 ㅌ가 굴 세다

齒音
ㅅ보다 ㅈ가 굴 세고 ㅈ보다 ㅊ가 굴 세다

鼻音
ㆁ

唇音
ㅁ보다 ㅂ가 굴 세고 ㅂ보다 ㅍ가 굴 세다

轉舌音
ㄹ보다 ㅿ가 굴 세다

이 우에 보인 바 子音의 음기어 지는 갈피는 다 이제에 옴기어 지는 語音에 말미암은 것이나 訓民正音에는 이것을 알과 같이 分別 하였다

牙音	舌音	唇音	齒音	喉音	半舌音	半齒音
ㄱㅋㆁ	ㄷㅌㄴ	ㅂㅍㅁ	ㅈㅊㅅ	ㆆㅎㅇ	ㄹ	△

또 華東正音에는 이것을 알과 같이 分別 하였다

角音	徵音	商音	羽音	宮音	變徵音	變宮音
ㄱ	ㅋㆁㄷㅌㄴ	ㅈㅊㅅ	ㅂㅍㅁ	ㅇㅎ	ㄹ	△

우에 보인 바 宮商角徵羽는 東洋音

律에 五音이라 일컫르는 것인이 五音 〔金木
水火土〕에 맞치어 分別 된 것이다 이에 對
하야 열어 가지 解釋이 많으나 漢字의 字
書에는 이 것이 大槪 알과 같이 解釋 되
야 있다

宮……五音의 가운대 되는 솔애인이 五
行 中 土에 맞인 것

商……쇠 불치의 솔애인이 맑게 떨치어
슬픔을 날아 나인다 五行 中 金
에 맞인 것

角……五音 中 한아로 달른 音에 더
하야 입히는 솔애인이 五行 中
木에 맞인 것

徵……니발을 合하고 입살을 열어 굴세
게 질르는 솔애인이 五行 中 火

羽……새의 깃이 울니어 떨치는 것과
같은 솔애인이 五行 中 水에 맞
인 것

第八節 母音과 子音의 配合

前節에 보인 바 母音과 子音을 配合하
면 알과 같이 音이 옴기어 지며 그 配
合되는 次序는 母音 ㅏ,ㅑ,ㅓ,ㅕ,ㅗ
는 子音의 옳은 쪽에、ㅗ,ㅛ,ㅜ,ㅠ,ㅡ
는 子音의 알에 두고 發音은 子音을
먼저、母音을 뒤에 한다.

子音＼母音	ㅏ列	ㅑ列	ㅓ列	ㅕ列	ㅗ列	ㅛ列	ㅜ列	ㅠ列	ㅡ列	ㅣ列	·列
ㄱ行	가	갸	거	겨	고	교	구	규	그	기	ᄀᆞ
ㄴ行	나	냐	너	녀	노	뇨	누	뉴	느	니	ᄂᆞ

行	ㅏ	ㅑ	ㅓ	ㅕ	ㅗ	ㅛ	ㅜ	ㅠ	ㅡ	ㅣ	基
ㄷ行	다	댜	더	뎌	도	됴	두	듀	드	디	ㄷ
ㄹ行	라	랴	러	려	로	료	루	류	르	리	ㄹ
ㅁ行	마	먀	머	며	모	묘	무	뮤	므	미	ㅁ
ㅂ行	바	뱌	버	벼	보	뵤	부	뷰	브	비	ㅂ
ㅅ行	사	샤	서	셔	소	쇼	수	슈	스	시	ㅅ
ㆁ行	아	야	어	여	오	요	우	유	으	이	ㆁ
ㅈ行	자	쟈	저	져	조	죠	주	쥬	즈	지	ㅈ
ㅊ行	차	챠	처	쳐	초	쵸	추	츄	츠	치	ㅊ
ㅋ行	카	캬	커	켜	코	쿄	쿠	큐	크	키	ㅋ
ㅌ行	타	탸	터	텨	토	툐	투	튜	트	티	ㅌ
ㅍ行	파	퍄	퍼	펴	포	표	푸	퓨	프	피	ㅍ
ㆆ行	하	햐	허	혀	호	효	후	휴	흐	히	ㆆ
ㆁ行	아	야	어	여	오	요	우	유	으	이	ㆁ
ㆆ行	하	햐	허	혀	호	효	후	휴	흐	히	ㆆ
ㅎ行	하	햐	허	혀	호	효	후	휴	흐	히	ㅎ
△行	사	샤	서	셔	소	쇼	수	슈	스	시	△

【풀이】 子音이 이러 하게 母音의 前에 쓰임으로 訓民正音에 子音을 初聲이라 하고 母音을 中聲이라 하얐다

또 그다음 되는 十七行 中 ㆁ行의 ㆁ는 아모 우에 보인바 ㆁ는 뜻인즉 그 ㆁ는 있으나 없으나 것도 없는

ㆁ行은 『ㅏㅑㅓㅕㅗㅛㅜㅠㅡㅣ、』로만 發音되고 ㆁ行과 ㆆ行과 △行은 이제 쓰이지 않이 하며 또 、列의 、는 그 音이 仔細하지 않이 함으로 ㅏ列로 쓰이고 다만 漢字의 音에만 玉篇의 音譯을 좇아서 、列을 그대로 쓰는 形便이다

第九節 母音의 種類 (一)

母音은 그 쓸애의 일우어 짐에 말미암아 單音과 複音의 두 가지에 나누인다

(一) 單音이라 하는 것은 목 구멍에서

올곳게 나아 오아서 아모 말우 자
임을 받지 않이 하는 솔애인이 이
에 딿인 것들은 알과 같다

[풀이] 單音은 곧 홋 솔애인이 그 음기어
짐이 맑음으로 淸音이라고도 한다

ー ㅣ ㅗ ㅏ ㅜ ㅓ

(二)
複音이라 하는 것은 單音의 거듭
된 솔애인이 이에 딿인 것들은 알
과 같다

ㆍ ㅛ ㅑ ㅠ ㅕ

[풀이] ㆍ는 ㅣㅡ의, ㅛ ㅑ는 ㅣㅗ의
ㅏ의, ㄲ는 ㅣㅜ의, ㅕ는 ㅣ
된 솔애임으로 複音(곧 거듭 솔애)이라 하고
또 그 음기어 짐이 淸音보다 濁함으로 濁
音이라고도 한다

第十節 母音의 種類 (二)

이 우에 보인 바 母音의 種類는 그 自
體의 됨됨이가 음어 하게 일우어 짐에
말미암아 말하았거니와 또 이外에 重
母音이라 하는것이 있다 重母音이라 하
는것은 母音과 母音이 서로 合하야 한
낫 달른 音을 일우는 것인이 이에 ㅘ거
重母音과 ㅣ重母音의 두 가지가 있다

(一)
ㅘ거重母音이라 하는 것은 母音
ㅏ와 ㅜㅣ가 모이어 되는 것인
이 알과 같다

ㅏ ······ 「과」의 「ㄱ」를 덜은 남저지 되는
ㅗ 　　　　　　　　　　　　솔애

ㅜ ······ 「귀」의 「ㄱ」늘 덜은 남저지 되는
ㅓ 　　　　　　　　　　　　솔애

(二)

ㅡ重母音이라 하는 것은 母音ㅣ가
달른 母音에나 ㅘㅓ重母音에 더
하야 한 낫 달른 音을 일우는 것
인이 알과 같다

ㅐ……「개」의 ㄱ를 덜은 남저지 되는 솔애
ㅒ……「걔」늬 ㄱ를 덜은 남저지 되는 솔애
ㅔ……「게」의 ㄱ를 덜은 남저지 되는 솔애
ㅖ……「계」의 ㄱ를 덜은 남저지 되는 솔애
ㅘ……「과」의 ㄱ를 덜은 남저지 되는 솔애
ㅙ……「괘」의 ㄱ를 덜은 남저지 되는 솔애
ㅚ……「괴」의 ㄱ를 덜은 남저지 되는 솔애
ㅝ……「궈」의 ㄱ를 덜은 남저지 되는 솔애
ㅞ……「궤」의 ㄱ를 덜은 남저지 되는 솔애
ㅟ……「귀」의 ㄱ를 덜은 남저지 되는 솔애
ㅢ……「긔」의 ㄱ를 덜은 남저지 되는 솔애
ㅣ……「기」의 ㄱ를 덜은 남저지 되는 솔애

ㅙ……「괘」의 ㄱ를 덜은 남저지 되는 솔애
ㅖ……「케」의 ㄱ를 덜은 남저지 되는 솔애

[풀이] ㅣ에 ㅣ를 더 하야 ㅣ로 된 音은
쓰이지 않이 하며 또 ㆍ는 漢字의 音에는
쓰이되 울이 말 솔애에는 아즉 쓰이는 與ㅣ
꿈를 말하기 얼여웁다 이에 닭아서 ㆍ에 ㅣ
를 더 하야 된 ㅣ는 또한 쓰이지 않
이 한다 重母音이라 하는 것은 母音과
母音이 서로 거듭 하야 일우어 지는 것임
으로 음으 한 母音 끼리 서로 거듭 하든
지 한 낫의 音을 일울 수가 있으나 이 우
에 보인 바 重母音들은 다만 이제 울이
말에 쓰이는 것들만 갈아 치어 든 것이다

第十一節 母音의 노 낫이

母音의 솔애에는 노개 끔 길게 옴기어

짐과 낮게 끔 짧게 옴기어 짐의 두가

지 分別이 잇다

ᅡ……『밤栗』의 ᅡ 는 놉게 끔 길게 옴기

어 진다

ᅡ……『밤夜』의 ᅡ 는 낮게 끔 짧게 옴기

어 진다

이러 함으로 『밤栗』의 『ᅡ』와 같이 옴

기어 지는 솔애를 놉은 끔 길은 솔애이라 하

고 『밤夜』의 ᅡ와 같이 짧은 솔애이라 지

는 솔애를 낮은 끔 짧은 솔애이라 한다

【풀이】 울이 말 中 漢字로 된 것도 그

漢字의 音韻에 딿이어 알과 같이 平聲 上

聲 去聲 入聲의 네 가지로 區別 된다

1、 平聲이라 하는 것은 낮게 끔 짧게 음

기어 지는 솔애이다 끔

공공 홍공공
公工 紅功空의
『ㅗ』 처럼 짧게

옴기어 지는 것

2、 上聲이라 하는 것은 平聲보다 길고 놉

게 올너어 옴기어 지는 솔애이다 끔

공동 동총롱
孔蕫 動總籠의 『ㅗ』 처럼 길게

옴기어 지는 것

3、 去聲이라 하는 것은 上聲보다 더 길고

놉게 벗적 올너어 옴기어 지는 솔애

이다 끔

송공 동동봉
送貢 凍洞鳳의 『ㅗ』 처럼 매우

길게 옴기어 지는 것

4、 入聲이라 하는 것은 去聲과 같이 놉은

솔애로 치는 것인이 울이의 音에 ㄱ받

침 ㄹ받침 ㅂ받침으로 된 母音의 일

참름이다 끔

(甲)

ㄱ받침

屋옥 穀곡 谷곡 珏각의 『ㄱ』이나 『ㄱ』처럼
음기어 지는 것

(乙)

ㄹ받침

苗줄 卒줄 橋굴 栗률의 『ㄹ』이나 『ㅎ』이나
『뀰』처럼 음기어 지는 것

(丙)

ㅂ받침

合납 劫겁
納납 劫겁 怯겁의 『ㅁ』이나 『ㅂ』처럼
음기어 지는 것

漢字의 音韻은 이러 하게 나누이고 또 그
各音에마다 따인 韻別은 알과 갇다

平聲三十	上聲二十九	去聲三十	入聲十七
東동	董동	送송	屋옥
冬동	腫종	宋송	沃옥
江강	講강	絳강	覺각
支지	紙지	寘치	
微미	尾미	未미	
魚어	語어	御어	
虞우	麌우	遇우	
齊제	薺제	霽제	
佳가	蟹해	泰태	
灰회	賄회	卦괘 隊대	
眞진	軫진	震진	質질
文문	吻문	問문	物물
元원	阮완	願원	月월
寒한	旱한	翰한	曷갈
刪산	潸산	諫간	黠할
先션	銑션	霰산	屑셜
蕭쇼	篠쇼	嘯쇼	

肴효　巧교　效효

豪호　皓호　號호

歌가　哿가　箇가

麻마　馬마　禡마

陽양　養양　漾양　藥약

庚경　梗경　敬경　陌믹

青청　迥형　徑경　錫셕

蒸증　　　職직

尤우　有유　宥유

侵침　寢침　沁심　緝즙

覃담　感감　勘감　合합

鹽염　琰염　豔염　葉엽

咸함　豏함　陷함　洽흡

이와 같은 韻書로 漢字의 玉篇에나 달른 字
書에 한 낫 글자에마다 그 音의 上、平、
去、入、을 分別한다 그리 하야 平聲이나 上
聲이나 去聲이나 入聲 中 을어 한 韻字가 그
글자의 앞에 쓰이었든지 그 쓰이어 진 韻
字의 聲別을 좇아서 길게 음기고 짧게 음
기도록 그 글자의 發音의 方法을 보인다
울이의 音도 漢字의 이러 한 韻別을 좇아
서 平聲과 上聲과 去聲과 入聲의 네 가지
로 區別되야 平聲에는 無票로、上聲에는 두
點을、去聲과 入聲에는 한 點을 그 글자의
외인 쪽에 찍어서 發音의 高低를 보이는
불안을 삼았다

1、平聲
　가 나 다 라 마

2、上聲
　가 나 다 라 마

마 나 다 라 마

3、去聲

가 나 다 라 마

4、入聲

각 낙 달 랍 쌀

이 불앎은 訓民正音에 이러 하게 쓰이었다
그러 하나 이것은 字典과 같은 글에 글자
의 發音의 본보기로나 쓸 것이오 日常 行
文에 쓸 必要가 없으며 또 純全한 울이의 語
音을 적기에는 漢文의 그 것과 같이 平聲、
上聲、去聲、入聲 까지 區別할 必要는 없을
듯 하고 다만 길거나 짧게 음기어 지는 方
法만 알도록 하는 것이 알 맞다 한다

第十二節 子音의 種類 (一)

(一) 아 單音과 混音의 두 가지에 나누인다
子音은 그 솔애의 일우어 짐에 말미암

(一) 單音이라 하는 것은 목 구멍에서
나아 오아서 훗훗 하게 일우어 지
눈 솔애인이 이에 닮인 것들은 알
파 같다

풀이 單音은 끔 혹 솔애인이 그 음기어
짐이 맑음으로 淸音이라고도 한다

ㄱㆁㄷㄴㅂㅁㅈㅅㅇㅎ
ㅇㄹ△

(二) 混音이라 하는 것은 單音이 서로
섞이어서 일우어 지는 솔애인이
이에 닮인 것들은 알과 같다

ㅋㄷㅍㅊ

우에 보인 바 混音 ㅋㅌㅍㅊ의 實例
를 들면 알과 같이 일우어 진다

(甲) ㅋ
ㅋ는 ㄱ와 ㅎ나 ㅎ와 ㄱ의 섞인 솔애이

다끔

ㄱ ㅎ
⋁
ㅋ

옥호──옥코로 옴기어진

이끔 『옥』의 『ㄱ』와 『호』

ㄱ ㅎ
⋁
ㅋ

좋게──조케로 옴기어진

이끔 『좋』의 『ㅎ』와 『게』

의 『ㄱ』가 섞이어 된 것

(乙)

ㄷ는 ㄷ와 ㅎ나 ㅎ와 ㄷ의 섞인 솔애이

다끔

ㅎ ㄷ
⋁
ㅌ

밭흘──바틀로 옴기어진

이끔 『밭』의 『ㄷ』와 『흘』

ㄷ ㅎ
⋁
ㅌ

좋다──조타로 옴기어

의 『ㅎ』가 섞이어 된 것

(丙)

묘는 ㅂ와 ㅎ의 섞인 솔애이다 끔

ㅎ ㅂ
⋁
묘

급형──그피로 옴기어진

이끔 『늅』의 『ㅂ』와 『히』

의 『ㅎ』가 섞이어 된 것

이끔 『좋』의 『ㅎ』와 『다』

의 『ㄷ』가 섞이어 된 것

(丁)

ㅊ는 ㅎ와 ㅈ의 섞인 솔애이다 끔

ㅈ ㅎ
⋁
ㅊ

좋지──조치로 옴기어진

이끔 『좋』의 『ㅎ』와 『지』

의 『ㅈ』가 섞이어 된 것

풀이

濕音은 이러 하게 섞이어 일우어

지는 솔애이다 그 옴기어 짐이 單音보다 濁

第十三節 子音의 種類(二)

이 우에 보인바 子音의 種類는 그 自
體의 됨됨이가 ᅌᅳᆷ에 하게 일우어짐을
말하얐거니와 또 이 外에 重子音이라
하는것이 있다 重子音이라 하는 것은
한낫 子音이 거듭 옴기어 지는 솔애
인이 俗에 『된 밭침』이라 하는 것이다
알과 같이 여섯이 있다

ㄲ ㄸ ㅃ ㅆ ㅉ ㆅ

우에 보인바 重子音 ㄲ ㄸ ㅃ ㅆ ㅉ
ㆅ의 實例를 들면 알과 같다

(一)
ㄲ

ㄲ는 『蝌ᄭᅡ』의 첫 솔애인이 끔『ᅡ』를 덜
은 남저지 되는 솔애

(二)
ㄸ

ㄸ는 『覃땀』의 첫 솔애인이 끔『占』을 덜
은 남저지 되는 솔애

(三)
ㅃ

ㅃ는 『步뽕』의 첫 솔애인이 끔『ㅗ』를 덜
은 남저지 되는 솔애

(四)
ㅆ

ㅆ는 『邪썅』의 첫 솔애인이 끔『야』를 덜
은 남저지 되는 솔애

(五)
ㅉ

ㅉ는 『慈쭝』의 첫 솔애인이 끔『ㆍ』를 덜
은 남저지 되는 솔애

(六)
ㆅ

ㆅ는 『洪ᅘᅩᆼ』의 첫 솔애인이 끔『ᅩᆼ』을 덜
은 남저지 되는 솔애

【풀이】　이 것은 訓民正音에 分別 된 바이

다 여섯 重子音 中에 『洪황』의 『ㆅ』는 이

제에 쓰이지 않이 하며 또 俗에는 重子音

을 일우기에 우와 같이 子音을 各各 거듭

하지 않이 하고 알과 같이 『ㅅ』를 그 외

인 쪽에 더 한다

시 ㅅ ㅆ ㅆ ㅆ

第十四節　받침 (一)

밤침이라 하는 것은 第八節에 보인 바

와 같이 子音이 母音의 前에 配合 되

야 쓰이는 外에 또 母音의 뒤를 밤치

어 그 솔애를 달르게 한다

ㄱ……『분粉』의 『부』를 멸은 남저지 되는

ㄴ……『북鼓』의 『부』를 멸은 남저지 되는
　　　　　　솔애

ㄷ……『밤受』의 『바』를 멸은 남저지 되는
　　　　　　솔애

ㄹ……『물水』와 『무』를 멸은 남저지 되는
　　　　　　솔애

ㅁ……『밤栗』의 『바』를 멸은 남저지 되는
　　　　　　솔애

ㅂ……『밥飯』의 『바』를 멸은 남저지 되는
　　　　　　솔애

ㅅ……『붓筆』의 『부』를 멸은 남저지 되는
　　　　　　솔애

ㅇ……이것은 다만 母音의 前에 있어서 아

모 것도 없는 뜻을 날아 나이는 불

암으로 쓰일뿐이오 받침으로는 않이

쓰인다 俗에 이 것을 받침으로 쓰

ㅈ……『젖吹』의 『지』를 덜은 남저지 되는
솔애

는 것은 ㅇ의 긇웃 씀이다

ㅊ……『및及』의 『미』를 덜은 남저지 되는
솔애

ㅋ……울이 語音에 이러 한 받침 은 아
즉 없다

ㅌ……『같如』의 『가』를 덜은 남저지 되는
솔애

ㅍ……『갚報』의 『가』를 덜은 남저지 되는
솔애

ㅎ……『낳産』의 『나』를 덜은 남저지 되는
솔애

ㆁ……『콩쿄』의 『코』를 덜은 남저지 되는
솔애

ㆁ……『낳捘』의 『나』를 덜은 남저지 되는
솔애

이 받침은 ㄷ ㅅ ㅈ ㅊ ㅌ 의 받
침처럼 옴기어 진다 그러 하나 ㄷ
ㅅ ㅈ ㅊ ㅌ 와 밋 달른 받침(ㆁ
받침은 말고) 들은 그 알에 ㅇ行의
글자를 맛 당이는 境遇에는 그 우
에 있는 母音을 발 치어 그 솔
애를 달르게 하고 또 다시 그 남
저지 音이 그 알에 있는 글자의 子
音처럼 맞우 치어 옴기어 지나 ㅎ
받침은 그 우에 있는 母音을 발 치
어 그 솔애를 달르게 옴기어 지도
록 도울뿐이오 그 알에 있는 글자
의 母音에 맞우 치어 옴기어 지는

남저지 솔애가 없다 끔

받은………… 바든

벗은………… 버슨

낮은………… 나즌

좇은………… 조촌

같은………… 가튼

닿은………… 당은

붕은………… 붕은

△……울이 語音에 이러 한 받침은 아

즉 없었다

［풀이］

訓民正音에 子音이 이러 하게 母音의 뒤에 쓰임을 終聲이라 하고 그 前에 쓰이는 母音을 中聲이라 하았다

이 우에 보인 바 열어 가지 받침 中 ㄹ 받

참으로 된 글자가 그 알에 ㄴ行 ㄷ行 ㅁ行

ㅅ行 ㅈ行의 글자를 맞 나면 그 ㄹ 받침의 솔애가 흔히 않이 옴기어 지기도 한다 끔

『불吹』

ㄴ行 불을 불나……부나

ㄷ行 불을 불다가……부다가

ㅁ行 불을 불며……부며

ㅅ行 불을 불시고……부시고

ㅈ行 불을 불자……부자

이러 하게 옴기어 지지 않이 함으로 글에는 그 ㄹ 받침을 아주 빼이고 『부며』『부시고』『부자』로 쓴다

이에 말미암아 ㄹ 받침을 가진 漢字도 그 알에 ㄷ行이나 ㅈ行을 맞 나면 그 ㄹ 받침의 솔애가 않이 옴기어 지는 일이 或 있다

『不불』

ㅁ行

不多……부다

不道……부도

不得不……부득불

ㅈ行

不慈……부자

不自由……부자유

不盡……부진

또 ㄹ 받침을 가진 글자가 그 알에 ㄹ行의 글자를 맞 나면 그 알에 있는 글자의 子音『ㄹ』는『ㄴ』처럼 옴기어 진다 끔

ㄹ 불르 빌라 달르 굴르 질르 흘르

ㄴ 불느 빌나 달느 굴느 질느 흘느

第十五節 받침 (二)

前節에 보인바 받침은 母音의 알에 子音이 한 낫식 쓰이었으나 또 이 外에 말 솔애의 옴기어 짐에 좇아서 子音이 두 낫식 거듭 하야 前節과 같이 母音의 뒤에 받침으로 쓰인이 이제 울이 말에 흔이 쓰이는 것들을 들면 大槪 알과 같다

ㄲ

엮……밭을ㅣ어서

꺾……나무를ㅣ아서

닦……독을ㅣ아서

섞……흰 것에 검은 것을ㅣ어서

볶……콩을ㅣ아서

낚……생선을ㅣ아서

ㄳ

삯……ㅣ이 얼마이오

ㄵ
앉……　살암이ᅵ아서

ㄶ
않……오지ᅵ도록　하시오
점잖……게　말을　한다

ㄺ
읽……글을ᅵ어서
긁……비눌을ᅵ어서
얽……삭기로　범을ᅵ어서
읽……목을ᅵ아서
흙……ᅵ을　판다

ㄻ
삶……떡을ᅵ아서
젊……살암이ᅵ어서

ㄻ
곪……부슬업이ᅵ아서
곪……흉년에ᅵ어서

ㄼ
넓……房이ᅵ어서
밟……階梯를ᅵ아서
짧……길이가ᅵ아서
여덟…이　것은ᅵ이오

ㄾ
핥……슈박　것을ᅵ아서

훑……찌거지를ᅵ아서

옮……詩를ᅵ어서

숢……마암이ᅵ어서

긇……理致가ᅵ다

옳……말이ㅣ다

싫……저 것은ㅣ다

잃……物品을ㅣ도록

닳……혀 가ㅣ게

굵……까닭을ㅣ다。 까닭을ㅣ어서

훑……말을ㅣ다。 말을ㅣ어서

없……必要가ㅣ어서

값……ㅣ이 얼마인야

밖……大門ㅣ에

시……

从……살암이ㅣ어서

있……살암이ㅣ어서

第十六節 母音과 子音의 맞

우 침

母音과 子音의 맞우 침 이라 하는 것
은 알과 같이 두 가지가 있다

(一)

받침 없는 글자의 子音(ㅇ 는 말고)을
있는 글자의 母音이 그 알에
웅 당이어 옴기어 지는 境遇에는
그 알에 있는 글자의 子音이 그
우에 있는 글자의 받침처럼 맞우
치어 옴기어 진다 끝

고기……곡이

보니……본이

모도……몸오

보리……볼이

(二)

가마……감아
사발……삽알
오시……옷이
자저……ː잦어
조차……좇아
가라……갈아
가파……갚아
가호……갖오
수어……숭어

받침[ㅇ、ㅎ은 말고]있는 글자의 알에 ㅇ行의 글자가 잉 닿이어 옴기어지는 境遇에는 그 우에 있는 글자의 받침이 그 알에 있는 글자의 子音처럼 맞우 치어 옴기어진다 꿈

국이……구기
문이……무니
밭이……바디
물이……무러
밤이……바미
갑이……가비
벗이……버시
잦이……자지
찾이……차치
밭이……바러
갚이……가피
낳이……나히

第十七節 訓蒙字會에 적힌 諺文

正音의 字母의 솔애와 種類와 쓰임은

우에 말한 바와 같다 그러하나 李朝
中宗 二十二年에 崔先生 世珍의 짐은
訓蒙字會에는 字母의 音을 알과 같이
말하았은이 이 것이 곧 이 제까지 쓰
이어 오든 諺文이다

○ㅜ

ㄱ 役其
ㄴ 尼池 隱
ㄷ 末池 乙 梨
ㅁ 眉
ㅂ 邑非
ㅅ 時衣(옷)
ㅇ 凝異

初聲으로 쓰이는 境遇에는

이 여덟 가지는 母音의 前에 初聲으로도 쓰
이고 또 母音의 뒤에 終聲으로도 쓰인다 그

ㄱ 其
ㄴ 尼池 隱
ㄷ 末池 乙 梨
ㅁ 眉
ㅂ 邑非
ㅅ 時衣(옷)

발音 되고 그 終聲으로 쓰이는 境遇에는
으로 發音 된다

○ㅋ 箕
ㄷ 治
ㅍ 皮
ㅈ 之
ㅊ 齒
△ 而
ㅇ 伊
ㆁ 屎

이 여덟 가지는 母音의 前에 初聲으로만 쓰
는 할 수가 없다
이 우에 보인 바 울이 말과 글의 全部는 알
과 같다

인다

○ㅏ 阿 也
ㅑ 也 於
ㅓ 於 余
ㅕ 余
ㅗ 吾 要
ㅛ 要
ㅜ 牛
ㅠ 由

一 應(응의 終
聲은말고)
一 伊(이의 初
聲은갈고)
、 思(ᄉ의 初
聲은말고)

中聲(母音)으로만 쓰인다

訓蒙字會에 말한 바 字母의 일칼름은 漢
字의 音韻에 말미암아 다만 처음 배오는 이
를 爲하야 音을 옴기기 쉬웁도록 한 것인듯 하
며 또 ㄱㄴㄷㄹㅁㅂㅅㅇㅋㅌㅍㅈㅊ△ㅇㆁ에 對하
야 初聲과 中聲으로 쓰임을 制限하았음은 말
의 솔애를 딿아 字母의 活用 되는 길이 좁
게 되았은즉 訓民正音에 製定 된 바와는 그
解釋이 매우 달르고 또 그 뜻이 얕음으로 이
것으로 쓰어 울이 말 솔애의 본보기 이라고
는 할 수가 없다
이 우에 보인 바 울이 말과 글의 全部는 알
과 같다

詞이라 하는 것은 솔애에 對하야 한 낫

第十八節 詞의 區別

第三章 詞의 總論

第二編 詞

말……글

正音
字母
字母의 種類 { 母音 / 子音 }
母音과 子音의 配合
子音의 種類 { 單音 / 複音 }
母音의 種類 { 單音 / 重母音 }
母音의 높 낮이 { ㅣ / 과서 }
子音의 種類 { 單音 / 混音 / 重子音 }
重子音 { ㄲㄸㅃㅆㅎ }
발침
거듭 발침
母音과 子音의 맞우 칩

事物의 뜻을 불친 것인이 이 것은 名詞 代名詞 動詞 形容詞 副詞 感歎詞 및 吐의 일곱 가지로 區別이 된다

「풀이」 음어 한 學說에는 詞를 『몸씨』, 吐를 『겻씨』이라 한다

(一) 名詞이라 하는 것은 일음으로 된 말이다 끝

뫼 물 달 나무 입새 살암
집 봉룡

들과 같이 人類이나 事物이나 禽獸이나 處所의 일름 되는 말를 名詞이라 한다

「풀이」 음어 한 學說에는 名詞를 『임씨』이라 한다

(二) 代名詞이라 하는 것은 일름을 代

身하야 옴기어 지는 말이다 끝

나, 너, 울이, 너이, 이, 것, 기

들과 같이 名詞의 代身으로 쓰이는 말을 代

名詞이라 한다

[풀이] 은어 한 學說에는 代名詞를 「넛임」

이라 한다

(三) 動詞이라 하는 것은 움작이는 뜻

을 품은 말이다 끝

살암이 [오] 오

그 아해가 [가] 오

새가 [날르] 오

물이 [흘르] 오

저이가 [스] 오

의 [오] [가] [날르] [흘르] [스] 들과

같이 몰은 事物의 움작임을 날아 나이는

말을 動詞이라 한다

[풀이] 은어 한 學說에는 動詞를 「움씨」이

라 한다

(四) 形容詞이라 하는 것은 事物의 形

容을 뜻하는 말이다 끝

물이 [맑] 다

풀은 뫼

붉은 꼿

좋은 일

살암이 [많] 다

의 [좋은] [붉은] [풀은] [맑] [많] 들과

같이 몰은 事物의 形容을 날아 나이는 말

을 形容詞이라 한다

[풀이] 은어 한 學說에는 形容詞를 「얻씨」

이라 한다

(五)

副詞이라 하는 것은 말의 뜻을 도웁는 말이라 끝

발서 맞치었다

가만 있거라

어서 하자

자조 오시오

열는 가자

의 「열는」「자조」「어서」「가만」「발서」들과 같이 動詞의 옮어 하게 움작이어 짐을 도웁는 말을 副詞이라 한다

또

썩 맑다

매우 검다

가장 많다

아주 희다

더 멀다

의 「썩」「매우」「가장」「아주」「더」들과 같이 形容詞의 옮어 함을 도웁는 말을 副詞이라 한다

또

물이 썩 맑게 흘른다

빛이 매우 검게 되았다

冊을 아주 더 주시오

웁을 픽 희게 입었다

저 이는 넘우 자조 온다

의 썩 매우 아주 픽 넘우 들과 같이 달른 副詞의 우에 더하야 그 알에 있는 副詞의 뜻을 도웁는 말을 副詞이라 한다

그러 함으로 動詞이나 形容詞이나 달른 副

詞의 뜻을 도웁는 말을 副詞이라 한다

[풀이] 읏어 한 學說에는 副詞를 「얻씨」이
라 한다

(六) 感歎詞이라 하는 것은 무엇을 늦
기어 嘆息하는 말이다

응 되얏다

암 그러 하지

에구 읏지 하나

후 더웁다

흥 이제 오나

의 응 암 에구 후 흥 돌과 갑
이 깃붐과 셩 나임과 슯음과 살앙
과 미움과 욕심의 일곱 가지의 늣김을 낡
아 나이는 말을 感歎詞이라 한다

[풀이] 읏어 한 學說에는 感歎詞를 「늣씨」

이라 한다

(七) 吐이라 하는 것은 달른 詞의 알
에 더 하야 그 詞의 境遇이나 關
係 됨을 낡아 나이는 말이다 곧

父母 가 한울 이 해 는

별 을 나 의 가 오

오 베 하 도록 하 다

의 「가」 「이」 「는」 「을」 「의」 「오」 「베」
「도록」 「다」 둘과 같이 달른 詞의 알에
응 양이어 그 境遇이나 關係의 읏어 함을
낡아 나이는 말을 吐이라 한다

[풀이] 읏어 한 學說에는 吐를 「토」 或
助詞이라 한다 吐이라 일칼틈은 元來 吏吐
에서 비롯하야 온 말이다 檀君 紀元 三千
二十九年 西曆 六百九十年에 新羅 神文王 저

에 薛聰이라 하는 큰 선배가 官衙 文書에

使用하기 爲하야 그 때의 方言으로 漢文

字를 吏讀이라 일갈르었고 또 吏吐이라도 하

얐은즉 吐이라 하는 말의 그 由來가 이 吏

讀이나 吏吐에서 말미암아 생긴 말인듯 하

다 吏讀에 對한 이약이는 이 冊 끗 參考

에 다시 보이겠다

이 우에 보인 바 詞의 區別 全部는 알과 같다

詞의 區別
- 名詞
- 代名詞
- 動詞
- 形容詞
- 副詞
- 感歎詞
- 吐

第四章　詞의 種類

詞는 열어 가지 境遇에 말미암아 열

어 가지로 나누인다

第十九節　名詞의 種類

名詞에는 普通名詞와 固有名詞의 두

가지가 있다

(一) 普通名詞라 하는 것은 흔히 있

는 名詞이다 끗

조히 붓 먹 별우 갈 집 학교

물과 같이 普通으로 흔이 있는 事物의 일

갈음이다

[풀이] 普通名詞라 함은 한 가지 되는

事物이 두 낫 以上으로 있는 것의 일갈름

이다

普通名詞에는 有形名詞와 無形名詞와 行動名

詞와 形容名詞의 네 가지가 있다

(甲) 有形名詞이라 하는 것은 形體 있는
名詞인이 끔

나무、물、쇠、뫼、새、말

물과 같이 形體 있게 된 名詞를 有
形名詞이라 하며 또 이 것이 物質로
된 것임으로 物質名詞이라고도 한다

(乙) 無形名詞이라 하는 것은 形體 없는
名詞인이 끔

발암 풍귀 정 생각 지혜 거정 근
심

물과 같이 形體 없게 된 名詞를 無
形名詞이라 하며 또 이 것이 抽象으
로 된 것임으로 抽象名詞이라고도 한
다

(丙) 行動名詞이라 하는 것은 움작이는 뜻
으로 된 名詞인이 끔

오기 가기 밀이 걸이 뜀 글임 늣
김 집개 묘개 춤

물과 같이 움작이는 뜻을 품은 名詞
를 行動名詞이라 한다

【풀이】 行動名詞는 動詞가 名詞로 變하야
밧구인 것인이 그 仔細한 것은 第三十六節
『動詞의 밧구임』第一項에 보아라

(丁) 形容名詞이라 하는 것은 形容의 뜻으
로 된 名詞인이 끔

묵에、넓이、큼、높이、길이

물과 같이 形容의 뜻을 품은 名詞를
形容名詞이라 한다

『풀이』　形容名詞는　形容詞가　名詞로　變하야
밧구인　것인이　그　仔細한　것은　第三十七節
『形容詞의　밧구임』　第一項에　보아라

(二)
固有名詞이라　하는　것은　固有한
일캄름　되는　名詞이다　곧

檀君、箕子、京城、乙支文德、金庾信
들과　같이　한　낫　事物에　對하야　그와　같
은　種類에　通用되지　못　하는　일캄름이다

『풀이』　固有名詞는　살암이나　處所이나　나라
이나　書籍의　일름이다　끔　열엇이　없고　다
만　한　낫　되는　일름이　됨으로　特別名詞이
라고도　한다

이　우에　보인　바　名詞의　種類　全部는　알과
같다

名詞의　種類
{
　普通名詞 {
　　有形名詞
　　無形名詞 { 行動名詞 / 形容名詞 }
　}
　固有名詞
}

第二十節　代名詞의　種類

代名詞는　그　性質에　말미암아　人類代
名詞、事物代名詞、處所代名詞、未定代
名詞、形容代名詞、數量代名詞、關係代
名詞의　일곱　가지에　나누인다

(一)　人類代名詞이라　하는　것은　살암에
當한　代名詞인이　곧
나、너、이
들과　같이　살암의　일름을　代身하는　代名詞
를　人類代名詞이라　한다

人類代名詞에는 第一人과 第二人과 第三人의

세 가지 區別이 있다

(甲) 第一人이라 하는 것은 첫재 되는 살

암인이 끔

나

와 같이 말을 나이는 살암을 代身하는 代

名詞이다

[풀이] 第一人에 딸인 代名詞는 다만「나」한

아뿐이다

(乙) 第二人이라 하는 것은 둘재 되는 살

암인이 끔

너

와 같이 第一人과 맞우 對하야 酬酌하는

살암을 代身 하는 代名詞이다

[풀이] 第二人에 딸인 代名詞는 다만「너」한

아뿐이다

(丙) 第三人이라 하는 것은 세재 되는 살

암인이 끔

이「이」 그「이」 저「이」

의 「이」와 같이 第一人이나 第二人에게

갈아 침을 받는 살암을 代身하는 代名詞

이다

[풀이] 第三人에 딸인 代名詞는 다만「이」한

아뿐이다

(二) 事物代名詞이라 하는 것은 事物에

當한 代名詞인이 끔

이「것」 그「것」 저「것」

의「것」과 같이 事物의 일홈을 代身하는 代

名詞를 事物代名詞이라 한다

[풀이] 事物代名詞에 딸인 代名詞는 다만

『것』 한아뿐이다

(三) 處所代名詞이라 하는 것은 處所에
當한 代名詞인이 곧

여 『긔』 거 『긔』 저 『긔』

외 『긔』와 같이 處所의 일름을 代身하는
代名詞를 處所代名詞이라 한다

[풀이] 處所代名詞에 딸인 代名詞는 다만
『긔』한아 뿐이다

(四) 未定代名詞이라 하는 것은 酌定
없이 된 代名詞인이 곧

人類　　누구
處所　　어대
事物　　무엇
數爻　　얼마

물과 같이 人類이나 處所이나 事物이나 數
爻에 對하야 酌定이 없는 뜻으로 된 代名
詞를 未定代名詞이라 한다

(五) 形容代名詞이라 하는 것은 形容을
낱아 나이는 代名詞인이 곧

『이』는 온다
『이』는 좋다
『저』는 않이 간다
『저』는 무엇인가
『그』는 누구인가

의 『이』『저』『그』와 같이 形容을 낱아 나
이는 代名詞를 形容代名詞이라 한다

[풀이] 形容代名詞는 形容詞 中 指示形容詞
가 代名詞로 밧구이어되는 것인이 그 仔細
한 것은 第三十七節 『形容詞의 밧구임』第
二項에 보아라

(六) 數量代名詞이라 하는 것은 數量을
날아 나이는 代名詞인이 끗

　　열엇　얼마·멸　한아　셋

[풀이] 數量代名詞는 數量으로 된 말임으로
둘과 같이 數量을 날아 나이는 代名詞를 形
容代名詞이라 한다

數量名詞이라고도 한다 이는 大槪 形容詞 中
數量形容詞가 代名詞로 밧구이어 되는 것인
이 그 仔細한 것은 第三十七節『形容詞의 밧
구임』第二項에 보아라

(七) 關係代名詞이라 하는 것은 關係
·됨을 날아 나이는 代名詞인이 끗

하는 『바』 배오는 『바』 본 『반』 쭐 『바』
의 『바』와 같이 事爲의 關係 됨을 날아 나
이는 代名詞를 關係代名詞이라 한다

[풀이] 關係代名詞에 뜲인 代名詞는 다만

　『바』 한아뿐이다

이 우에 보인바 代名詞의 種類 숲部는 알과
같다

```
                      ┌ 人類代名詞 ─┬ 第一人
                      │            ├ 第二人
                      │            └ 第三人
                      │ 事物代名詞
                      │ 處所代名詞
代名詞의　種類 ────────┤ 未定代名詞 ─┬ 人類
                      │            ├ 處所
                      │            ├ 事物
                      │            └ 數爻
                      │ 形容代名詞
                      │ 數量代名詞
                      └ 關係代名詞
```

第二十一節　動詞의 種類 (一)

動詞는 그 性質에 말미암아 自動詞와
他動詞의 두 가지로 나누인다

(一)
自動詞이라 하는 것은 스스로 움
작이는 動詞인이 끈

살암이 『오』오

새가 『날ㄹ』오

물이 『흘르』오

의 『오』『날ㄹ』『흘르』둘과 같이 그 움작
임이 그 움작이는 當者에게만 있고 달른 事
物에 밋지 않이 하는 動詞를 自動詞이라 한다

(二)
他動詞이라 하는 것은 움작임이
달른 事物에 밋는 動詞인이 끈

내가 붓을 『사』오

새가 쌀을 『쪼』오

벌이 꿀을 『치』오

의 『사』의 關係는 『붓』에 『쪼』의 關係는
『쌀』에 『치』의 關係는 『꿀』에 밋는 것과 같
이 그 움작임이 그 움작이는 當者에게서 말
미암아 달른 事物에 밋는 動詞를 他動詞이
라 한다

[풀이] 他動詞의 우에는 그 動詞의 움작임
을 받는 目的物 되는 客語가 반듯이 있다
그 仔細한 것은 第四十二節 『句語의 定義와
成分』에 보아라

第二十二節　動詞의 種類 (二)

오來　가往　기울이傾　刺르
오가 기울이 젤르

들의 『오』는 母音 『그』를, 『가』는 母音『ㅏ』
를, 『기울이』는 母音 『ㅣ』를, 『젤르』는 母音
『ㅡ』를 품었다 이와 같이

動詞는 그 成立 된 成分의 字母(動詞가 한 字로 되았든지 두字 以上으로 되았든지)中 그 가장 곳 잘이에 있는 母音의 音을 좇아서 ㅏ音動詞、ㅓ音動詞、ㅕ音動詞、ㅗ音動詞、ㅜ音動詞、ㅡ音動詞、ㅣ音動詞、ㅣ重母音動詞의 여덟 가지에 나누인다

(一)
ㅏ音動詞

往買修受乘包耕賣踏盛
가사닦받타싸갈팔밟담

爲由
하 말미암

들과 같이 母音『ㅏ』를 품은 動詞를 ㅏ音動詞이라 한다

(二)
ㅓ音動詞

割脱覆排列掛收入落濕壞溢
것벗덮벌걸걸넣들젖헐넘

들과 같이 母音『ㅓ』를 품은 動詞를 ㅓ音動詞이라 한다

(三)
ㅕ音動詞

數點開結編經部
펴혀열겯여겨

들과 같이 母音『ㅕ』를 품은 動詞를 ㅕ音動詞이라 한다

(四)
ㅗ音動詞

見射選屈炒覆犖挑聚眠擦舐
보쏘뽑곱볶쏠솟돋도졸끄쓸

들과 같이 母音『ㅗ』를 품은 動詞를 ㅗ音動詞이라 한다

(五)
ㅜ音動詞

盥臥腐派吹羮注給舞解穿轉
두누물불구주추굴

들과 같이 母音『ㅜ』를 품은 動詞를 ㅜ音動詞이라 한다

（六）一音動詞

沸擧立通流浮破消解廻轉
끓 들 스 트 흘 뜨 뜰 슬 글 드
를

들과 같이 母音『一』를 품은 動詞를 一音
動詞이라 한다

（七）一音動詞

發匍推祝載挾續負養引裂釀起
피 기 밀 빌 심 끼 잉 지 치 찍 빗 일

들과 같이 母音『一』를 품은 動詞를 一音
動詞이라 한다

（八）一重母音動詞

休成碎結孕泄測鑽揚跳醒
쉬 되 깨 맺 배 새 재 춰 뛰 깨

들과 같이 一重母音을 품은 動詞를 一重母
音動詞이라 한다

［풀이］ 우에 보인 바 ㅏ音 動詞 中『하爲』
는 그 알에 그 語尾『야』를 잉 당이는 外

에는 흔히 『허』로 옴기어 지며 또 그 『허』
는 『허』가 않임이라 『흥』이라고 主張하는 學
說도 있으나 아즉 까지 이에 對한 確的한
酌定은 없고 다만 『허』로 옴기어 질뿐이다 끔

하고 …………… 하고
하나 …………… 하나
하되 …………… 하되
한 …………… 한
하며 …………… 허며
하야 …………… 하야

이 우에 보인 바 動詞의 種類 全部는 알과
같다

｛性質 ｛自動詞
　　　 ｛他動詞

ㅏ音動詞

動詞의　種類

別　音 {
ㅓ音動詞
ㅓ音動詞
ㅜ音動詞
ㅗ音動詞
一音動詞
二音動詞
重母音動詞
}

第二十三節　形容詞의　種類 (一)

形容詞는　그 뜻에　말미암아　普通形容詞、數量形容詞 行動形容詞、指示形容詞, 未定形容詞의　다섯 가지에　나누인다

(一)　普通形容詞이라　하는　것은　普通으로 된　形容詞인이　곧

紅　붉
大　크
好　죻
憎　미우
長　길
黑　검
寒　차
重　묵어우
晚　늦
遠　멀

遲　더듸
賢　어질
惡　언잔
少　졈
老　늙
寬　너르
厚　두터우
速　쌜르
薄　얇

厚　두터우
高　노
低　앝
卑　낮
深　깁
廣　넙

둘과 같이 事物의 열어 가지 形容을 날아 나이는　形容詞를　普通形容詞이라　한다

[풀이]　普通形容詞이라 함은 달른 種類에 딸이지 않인　形容詞를 갈아 치어 일르는 것이다

(二)　數量形容詞이라　하는　것은　數爻의 形容詞인이　곧

少　적
多　많
屢　열어
一二三四　한두세네

둘과 같이 事物의 數爻를 날아 나이는 形容詞를 數量形容詞이라　한다

數量形容詞에는　定數와　未定數의　두　가지가　있다

(甲) 定數

一二三四五
한 두 세 네 다서

둘과 같이 確定된 數量의 形容을 定數 이라 한다

(乙) 未定數

屢 幾 多 少
여러 몇 많 적

둘과 같이 未定 된 數量의 形容을 未

(三) 行動形容詞이라 하는 것은 움작이 는 뜻으로 된 形容詞인이 곧

來 往 見 爲 服 喫
오는 간 볼 하는 입은 먹을

둘과 같이 움작이는 뜻을 품은 形容詞를 行動形容詞이라 한다

【풀이】 行動形容詞는 動詞의 앞에 助吐「는」 『ㄴ』『ㄹ』를 더 하야 일우는 것인이 그 仔細한 것은 第三十六節 『動詞의 받구임』 第二項 에 보아라

(四) 指示形容詞이라 하는 것은 같아 치어 보이는 形容詞인이 곧

『이』『저』『그』이

의 『이』『저』『그』들과 같이 事物의 存在 를 갈아 치어 보이는 形容詞를 指示形容詞 이라 한다

【풀이】 指示形容詞에 딸인 形容詞들은 다만 『이』『저』『그』뿐이며 또 이 것들은 달른 種類의 形容詞의 으로 함을 代身하야 일칼

름에 쓰임으로 代稱形容詞이라고도 한다

指示形容詞에는 近稱과 遠稱과 中稱의 세 가
지가 있다

(甲) 近稱이라 하는 것은 갓가웁게 있는 事
物에 對한 形容이다 끔

『이』

(乙) 遠稱이라 하는 것은 멀게 있는 事物에
對한 形容이다 끔

『저』

(丙) 中稱이라 하는 것은 갓가웁지도 않고
멀지도 않게 있거나 또 임에 그 存在를
알고 있는 事物에 對한 形容이다 끔

『그』

(五) 未定形容詞이라 하는 것은 酌定
없는 形容詞인이 끔

언의 뜻은

들과 같이 酌定이 없는 뜻으로 된 形容詞
를 未定形容詞이라 한다

第二十四節　形容詞의 種類 (二)

短　淺　高　寒　長
짧　얕　높　치우　길

들의 『짧』은 母音 『ㅏ』를, 『얕』은 母音『ㅑ』
를, 『높』은 母音 『ㅗ』를, 『치우』는 母音『ㅜ』
를, 『길』은 母音 『ㅣ』를, 품었다 이와 같이

形容詞는 그 成立된 成分의 字母 (形
容詞가 한 字로 되았든지 두 字 以上
으로 되았든지) 中 그 가장 끗 끗에
있는 母音의 音을 좇아서 ㅏ音形容詞,
ㅑ音形容詞, ㅓ音形容詞,
ㅗ音形容詞, ㅜ音形容詞, 一音形容詞,
ㅣ音形容詞, 一重母音形容詞의 아홉

가지의 나누인다

(一) ㅏ音形容詞

물과 같이 母音 『ㅏ』를 품은 形容詞를 ㅏ音形容詞이라 한다

短 明 同 低 短 寒　清 細 少 廉 甘 醎
짧 밝 같 낮 발 차　맑 잘 달 째

(二) ㅑ音形容詞

물과 같이 母音 『ㅑ』를 품은 形容詞를 ㅑ音形容詞이라 한다

薄 淺 怜悧 低
얇 얕 약 얕

(三) ㅓ音形容詞

물과 같이 母音 『ㅓ』를 품은 形容詞를 ㅓ音形容詞이라 한다

黑 廣 遠 少 小 濃
검 넓 멀 젊 적 걸

(四) ㅕ音形容詞

물과 같이 母音 『ㅕ』를 품은 形容詞를 ㅕ音形容詞이라 한다

淺 低
옅 옅
엷 옅

(五) ㅗ音形容詞

물과 같이 母音 『ㅗ』를 품은 形容詞를 ㅗ音形容詞이라 한다

高 好 可
높 좋 옳

(六) ㅜ音形容詞

물과 같이 母音 『ㅜ』를 품은 形容詞를 ㅜ音形容詞이라 한다

紅 熱 太 少 濃
붉 더우 굵

(七) 一音形容詞

물과 같이 母音 『一』를 품은 形容詞를 一音形容詞이라 한다

大 老 非 稀 苦
크 늙 듬 쓰

물과 같이 母音「ㅡ」를 품은 形容詞를 ㅡ

音形容詞이라 한다

(八) ㅡ音形容詞

長　酸　深
길　시　깊

물과 같이 母音「ㅣ」를 품은 形容詞를 ㅣ

音形容詞이라 한다

(九) ㅣ重母音形容詞

疾　忙　密　强
재　째　배　되

물과 같이 ㅣ重母音을 품은 形容詞를 ㅣ重

母音形容詞이라 한다

이 우에 보인 바 形容詞의 種類 全部는 알

파 같다

普通形容詞
數量形容詞 {定數
　　　　　{未定數

形容詞의 種類

뜻…… {
　行動形容詞
　指示形容詞 ✚遠近　稱稱稱
　未定形容詞
}

音別 {
　ㅏ音形容詞
　ㅑ音形容詞
　ㅓ音形容詞
　ㅕ音形容詞
　ㅗ音形容詞
　ㅛ音形容詞
　ㅜ音形容詞
　ㅡ音形容詞
　ㅣ音形容詞
　ㅣ重母音形容詞
}

第二十五節　副詞의 種類 (一)

副詞는 그 뜻에 말미암아 度量副詞、

形容副詞、行動副詞、事實副詞、時期副

詞、方向副詞、抹消副詞、應對副詞의

여덟 가지에 나누인다

（一）度量副詞

매우、퍽、넘우、뭃이、가장、아주

들과 같이 度量이나 分量의 뜻을 날아 나

이는 副詞를 度量副詞이라 한다

（二）形容副詞

잘 크게 붉게 희게 좋게

들과 같이 形容의 뜻을 날아 나이는 副詞

를 形容副詞이라 한다

（三）行動副詞

오게 가게 먹게 읽게 하도록

들과 같이 行動의 뜻을 날아 나이는 副詞

를 行動副詞이라 한다

풀이 形容副詞 『오게』『가게』『크게』『붉게』들이나 行

動副詞 『오게』『가게』『크게』『붉게』들은 形容詞이나 動

詞에 助吐를 더하야 副詞로 하는 것인이 그

仔細한 것은 第三十六節『動詞의 밧구임』第

三項과 第三十七節『形容詞의 밧구임』第四項

에 보아라

（四）事實副詞

불가불 응당 가히 반듯이 꼭

들과 같이 事實의 形便을 날아 나이는 副

詞를 事實副詞이라 한다

（五）時期副詞

시방 끔 장차 임에 벌서

들과 같이 時期의 뜻을 날아 나이는 副

詞를 時期副詞이라 한다

（六）方向副詞

이『리』그『리』저『리』

의 『리』와 같이 方向의 뜻을 날아 나이는

副詞를 方向副詞이라 한다

(七) 抹消副詞

않음 않이 못

들과 같이 事爲의 함이나 일우어 짐이 없
는 뜻을 날아 나이는 副詞를 抹消副詞이라
한다

(八) 應對副詞

에 네 응 온야

들과 같이 남의 불룩에 對하야 맞우 應하
는 뜻을 날아 나이는 副詞를 應對副詞이라
한다

第二十六節　副詞의 種類 (二)

副詞는 그 成立에 좇아서 原副詞와 準
副詞의 두 가지로 나누인다

(一) 原副詞

매우 꽤 잘 아주 겨우 발서 또

들과 같이 그 말의 됨됨이가 本來 붙어
달른 音이나 助吐를 더 하지 않고 올곳게
된 副詞를 原副詞이라 한다

(二) 準副詞

名詞로……동에, 살암에게、 붓으로
代名詞로……이보다、 그로、 저에게
動詞로……오게、 가게、 되도록、 하고자
形容詞로…… 붉게, 희게、 같도록、 넓지

들과 같이 名詞나 代名詞이나 動詞이나
形容詞〔語根과 語尾를 가진〕의 알에 助吐
를 더 하야 그 우에 있는 詞와 한게 알
울르어서 한 낫 副詞로 된 것을 準副詞이
라 한다

풀이　準副詞이라 함은 原副詞와 견주어
빅일만 한 副詞이라 함이오 또 이 것이 詞

에　助吐를　더　하야　만늘어　진　副詞임으로

造副詞이라고도　한다　助吐는　吐의　한　種類

인이　그　仔細한　것은　第二十七節　『吐의　種類』

第一項에　보아라

이　우에　보인바　副詞의　種類　全部는　알과　같다

副詞의
種類
　　뜻‥‥‥
　　度量副詞
　　形容副詞
　　行動副詞
　　事實副詞
　　時期副詞
　　方向副詞
　　抹消副詞
　　應對副詞
　　成立
　　原副詞
　　準副詞

第二十七節　吐의　種類

吐는　그　쓰이는　境遇이나　關係에　말미

암아　助吐、終止吐、및　感嘆吐의　세가

지에　나누인다

(一)

助吐라　하는　것은　달른　詞이나

吐의　알에　임　당이어　그것을　도아

서　格位이나　形容이나　副詞格이나

意思이나　接續의　열어　가지　關係

를　날아　나이는　것인이　그　各例는

알과　같다

풀이　으어　한　學說에는　助吐를　『겻씨』이

라　한다

(甲)

格位를　날아　나이는　例

1、主格을　날아　나이는　例

名詞의　알　봄이　온다

代名詞의　알　울이『가』　잔다

의　『이』는　名詞『봄』의　알에　있어서

五〇

그 名詞가 그 句語의 主者 되는 格
位를 날아 나이었다

[풀이] 읅어 한 學說에는 主者의 格位를
날아 나이는 助吐를 『임자 겻』이라 한다

2、客格을 날아 나이는 例

名詞의 알 아해가 꽃『을』 땃다

代名詞의 알 네가 그 이『를』 보았다

의 『을』은 名詞 『꽃』의 알에 있어서
그 名詞가 그 句語의 客 되는 格位
를 날아 나이었고 『를』은 代名詞『이』
의 알에 있어서 그 代名詞가 그 句語
의 客 되는 格位를 날아 나이었다

[풀이] 客格이라 함은 動詞가 他動詞로 되
야 그 動詞의 움작임을 받는 目的物 되는
格位의 임갈름인이 읅어 한 學說에는 客의

五一

그 名詞가 그 句語의 主者 되는 格位를 날아 나이는 助吐를 『매임 겻』이라
한다

(乙)

1、形容을 날아 나이는 例

名詞의 알 그 이『의』 冊이 크다

代名詞의 알 그 이『의』 빗이 붉다

의 『의』는 名詞 『꽃』의 알에 있어서
그 名詞와 아울르어 冠置形容詞로 되
야 그 알에 있는 名詞 『빗』을 形容
하았고 또 代名詞 『이』의 알에 있어
서 그 代名詞와 아울르어 冠置形容詞
로 되야 그 알에 있는 名詞 『冊』을
形容하았다

[풀이] 冠置形容詞는 第三十一節 形容詞의
變化 第二項에 보아라

2、現在　現行의　形容을　날아　나이는　例

動詞의　알　오「는」　살암이　많다

의「는」은　動詞、「오」의　알에　있어서
그　動詞와　아울르어　冠置形容詞로　되
야　그　알에　있는　살암을　形容하았다

3、過去의　形容을　날아　나이는　例

名詞의　알　살암「인」職分을　직히
어라

代名詞의　알　그　이「인」것을　알아
보아라

動詞의　알　온{　살암이　많다

形容詞의　알　흰{　곳이　깨끗　하다

의「ㄴ」는　名詞「살암」의　알에「인」
으로　되야　있어서　그　名詞와　아울르
어　冠置形容詞로　되야　그　알에　있는
名詞「職分」을　形容하고　또　代名詞
「이」의　알에「인」으로　되야　있어서　그
代名詞와　아울르어　冠置形容詞로　되야
그　알에　있는　代名詞「것」을　形容하
고　또　動詞「오」에　더　하야　그　動
詞와　아울르어　冠置形容詞로　되야　그
알에　있는　名詞「살암」을　形容하고
또　形容詞「희」에　더　하야　그　形
容詞와　아울르어　冠置形容詞로　되야
그　알에　있는　名詞「끗」을　形容하
았다

4、未來의　形容을　날아　나이는　例

名詞의　알　살암「일」本分을　닦아라

代名詞의　알　그　이「일」希望이　있다

動詞의　알　할{　일이　많다

形容詞의 알 클〜입새는 띠지 말아라

의 『ㄹ』는 名詞 『살암』의 알에 『일』로
되야 있어서 그 名詞와 아울르어 冠

置形容詞로 되야 그 名詞와 아울르어 있는 名
詞 『本分』을 形容하고 또 代名詞

외 알에 『일』로 되야 있어서 그 代
名詞와 아울르어 冠置 形容詞로 되

야 그 알에 있는 名詞 『希望』을 形
容하고 또 動詞 『하』에 더하야 그 形

動詞와 아울르어 冠置形容詞로 되야
그 알에 있는 名詞 『일』을 形容하

고 또 形容詞 『크』에 더하야 그 形
容詞와 아울르어 冠置形容詞로 되야

그 알에 있는 名詞 『입새』를 形容
하얏다

[풀이] 『ㄴ』이나 『ㄹ』가 名詞이나 代名詞의

알에 『인』이나 『일』로 되는 것은 音便에

말미암음인이 그 仔細한 것을 第三十八節

『助吐의 用法』中 二〇 『ㄴ』 條와 三九

『ㄹ』 條에 보아라 으어 한 學說에는 各詞

를 冠置形容詞로 되게 하는 助吐를 『딿임

견』이라 한다

(丙) 副詞格을 낳아 나이는 例

代名詞의 알 이 것을 저 이『에게』

주어라

名詞의 알 한을『에』 별이 많다

動詞의 알 그 살암이 오『게』 되얏다

形容詞의 알 곳이 붉『고자』 한다

外 『에』는 名詞 『한을』의 알에 있어서

그 名詞와 아울르어 準副詞로 되야 形

容詞 『많』의 地點을 보이고 『에게』

는 代名詞 『이』의 말에 있어서 그 代名詞와 아울르어 準副詞로 되야 動詞 『주』의 方向을 보이고 『게』는 動詞 『오』의 알에 있어서 그 動詞와 아울르어 準副詞로 되야 動詞 『되』의 形便을 보이고 『고쟈』는 形容詞 『붉』의 알에 있어서 그 形容詞와 아울르어 準副詞로 되야 動詞 『하』의 하고쟈 함을 보이었다

『풀이』 읇어 한 學說에는 各詞를 準副詞로 되게 하는 助吐를 『매임 것』이라 한다

(丁) 意思를 낱아 나이는 例

1、 現在 現行의 意思를 낱아 나이는

動詞의 알

　그 이가 冊을 받『는』다

　저 아해가 글을 읽『는』다

의 『는』은 動詞 『받』이나 『읽』의 알에 있어서 現在現行의 뜻을 낱아 나이었다

2、 過去의 意思를 낱아 나이는 例

名詞의 알

現在　저 것은 살암이다

過去　저 것은 살암이『었』다

代名詞의 알

現在　저 살암이 그 이이오

過去　저 살암이 그 이이『었』소

動詞의 알

現在　그 이가 스다

過去　그 이가 스『었』다

形容詞의 알

現在　곳이　붉다

過去　곳이　붉「었」다

의　『ㅆ』는　名詞　『살암』과　代名詞『이』

와　動詞　『ㅅ』와　形容詞　『붉』의　알에

『었』으로　되야　있어서　過去의　意思를

날아　나이었다

풀이

씨가　各詞의　알에　「었」으로　되는

까닭은　第三十八節　『助吐의　用法』中　五九

『ㅆ』條에　보아라

3、過去를　다시　들　추는　意思를　날아　나

이는　例

名詞의　알

現在　이　것이　冊이다

過去　이　것이　冊이「드」라

代名詞의　알

現在　저　冊이　너의　것이다

過去　저　冊이　너의　것이「드」라

動詞의　알

現在　살암이　가다

過去　살암이　가「드」라

形容詞의　알

現在　집이　크다

過去　집이　크「드」라

의　『드』는　名詞　『冊』과　代名詞　『것』

과　動詞　『가』와　形容詞　『크』의　알에

있어서　임에　지　나아　간　것을　다시

일이키거나　둘　추는　意思를　날아　나

이었다

4、未來의　意思를　날아　나이는　例

名詞의　알

現在　저 아해는　學生이다

未來　저 아해는　學生이『겠』다

代名詞의 알

現在　저 붓이 너의 것이다

未來　저 붓이 너의 것이『겠』다

動詞의 알

現在　울이가 가오

未來　울이가 가『겠』소

形容詞의 알

現在　물이 맑다

未來　물이 맑『겠』다

의 『겠』은 名詞 『學生』과 代名詞 『것』과 動詞 『가』와 形容詞 『맑』의 알에 있어서 未來의 뜻을 날아 나이었다

5、推量의 意思를 날아 나이는 例

名詞의 알

平凡　저 곳이 學校이오

推量　저 곳이 學校이『지』오

代名詞의 알

平凡　그 冊이 나의 것이오

推量　그 冊이 나의 것이『지』오

動詞의 알

平凡　그 이가 가오

推量　그 이가 가『지』오

形容詞의 알

平凡　뫼가 크오

推量　뫼가 크『지』오

의 『지』는 名詞 『學校』와 代名詞 『것』과 動詞 『가』와 形容詞 『크』의 알에

있어서 밀우어 헤알이는 意思를 날아
나이었다

6, 尊待의 意思를 날아 나이는 例

名詞의 알

平凡　저 이가 스승이다

尊待　저 이가 스승이『시』다

代名詞의 알

平凡　저 얼은이 그 이이다

尊待　저 얼은이 그 이이『시』다

動詞의 알

平凡　아버지가 가오

尊待　아버지가 가『시』오

形容詞의 알

平凡　聖人의 德이 크다

尊待　聖人의 德이 크『시』다

외 『시』는 名詞『스승』과 代名詞『이』
와 動詞『가』와 形容詞『크』의 알에
있어서 尊待의 意思를 날아 나이었다

7, 謙遜의 意思를 날아 나이는 例

名詞의 알

平凡　저 것이 좋은 物品이나

謙遜　저 것이 좋은 物品이『오』나

代名詞의 알

平凡　저 것이 나의 것이되

謙遜　저 것이 나의 것이『오』되

動詞의 알

平凡　그 이가 가나

謙遜　그 이가 가『오』나

形容詞의 알

平凡　뫼가 크나

謙遜 뫼가 크오나

의『오』는 名詞『物品』과 代名詞『것』

과 動詞『가』와 形容詞『크』의 알에

있어서 謙遜의 意思를 날아 나이있다

이는 助吐를 『도움것』이라 한다

[풀이] 을어 한 學說에는 意思를 날아 나

(戊) 接續됨을 날아 나이는 例

1、 單字와 單字를 接續하는 例

名詞의 알

山『과』 물

代名詞의 알

이 이『와』 저 이

의『과』는 名詞『山』의 알에 있어서

그 알에 있는 名詞『물』을 응 당이

고 또 『와』는 代名詞『이』의 알에

있어서 그 알에 있는 代名詞『이』를

응 당이었다

2、 句語와 句語를 接續하는 例

겨울이 가『고』 봄이 온다

나는 이 것을 한『이』 너는 저 것

을 하야라

해가 나『면』 날이 더우어 진다

의『고』는 動詞『가』의 알에 있어서

그 우에 있는 『겨울 이가』와 그 알

에 있는 『봄이 온다』의 두 句語를

응고 『이』는 動詞『한』의 알에 있어

서 그 우에 있는 『나는 이 것을 한』

과 그 알에 있는 『너는 저 것을 하야

라』의 두 句語를 응고 『면』은 動詞

『나』의 알에 있어서 그 우에 있는

『해가 나』와 그 알에 있는 『날이 더

우어 진다』의 두 句語를 웅었다

『풀이』 을어 한 學說에는 接續하기에 쓰이

는 助吐를 『웅씨』 이라 한다 助吐의 仔細

한 것은 第三十八節 助吐의 用法 各條에

보아라

(二) 終止吐이라 하는 것은 한 句語

의 곳에 있어서 그 句語의 뜻을

마물르어 맞치는 것인이 그 맞치

어 지는 뜻에 말미암아 平述吐、疑

問吐、共動吐 및 命令吐의 네 가지

가 있다

(甲)

平述吐

봄이 오[네]

꽃이 피[오]

봇이 오[옵니다]

의 『네』 『오』 『옵니다』들과 같이 平凡한

뜻으로 말 끗을 마믈르는 吐를 平述吐이

라 한다

(乙)

疑問吐

살암이 오느[냐]

저 이가 가[옵니가]

꽃이 피[나]

의 『야』 『옵니가』 『나』들과 같이 뭃어 보

는 뜻으로 말 끗을 마믈르는 吐를 疑問

吐이라 한다

(丙)

共動吐

가[옵시다]

가[세]

가[자]

의 『ᄉᆸ시다』『세』『자』들과 같이 行動을

한게 하는 뜻으로 말끗을 마물르는 吐를

共動吐이라 한다

(丁)

命令吐

이리 오나『라』

이 것을 보게『게』

저리 가『오』

의 『라』『게』『오』들과 같이 行動을 命令

하거나 要求하는 뜻으로 말 끗을 마물르

는 吐를 命令吐이라 한다

풀이 음어 한 學說에는 終止吐를 『맷씨』

이라고 하며 도 助動詞이라고도 한다 終止

吐의 仔細한 것은 第三十三節 『吐의 變化』

第二項과 第三十九節 『終止吐의 用法』에 보

아라

(三) 感歎吐이라 하는 것은 늣김의 뜻

을 날아 나이는 것이다 끗

그 꼿이야 붉다 『그려』

이 번에는 힘을 쓰어 보자 『군아』

발암이 부는 『군』

저 이가 오는 『걸』

이 것이 꼿이람》

저 이가 이제 온담》

의 『그려』『군아』『군』『걸』『ㅁ』들과 같이

늣김을 날아 나이는 吐를 感歎吐이라 한다

이 우에 보인 바 吐의 種類 全部는 알과

같다

吐의 種類 { 助吐
　　　　　 終止吐 { 平述吐 疑問吐 共動吐 命令吐 感歎吐 }

第五章　詞의 變化

詞의 變化이라 하는 것은 詞가 그 自體의 性質을 잃지 않고 열어 가지 境遇에 말미암아 달른 音으로나 또 달른 音을 더하야 變化하야 옴기어 지는 것의 일칼름이다 이 알에 各詞의 變하야 옴기어 지는 것을 次第로 말하겠다

第二十八節　名詞의 變化

(一)

名詞는 數量과 性과 待遇에 말미암아 變하야 옴기어 진다

名詞의 數量에 말미암아 變하야 옴기어 지는 것이라 하는 것은 數爻를 딿아 같나이는 것인이 이에 單數와 複數의 두 가지가 있다

(甲)
單數

　아해　살암

들과 같이 다만 한낫 되는 數爻를 單數 (홋수)이라 하며 또 이러 하게 된 名詞를 『單數名詞』이라 한다

(乙)
複數

　아해들　살암들

들과 같이 두 낫 以上 되는 數爻를 複數 (거듭수) 이라 하며 또 이러 하게 된 名詞를 『複數名詞』이라 한다

單數名詞가 複數名詞로 되기에는 單數名詞의 알에 『들』을 더한이 『들』은 『몰우』이나 『열언』의 뜻이라

그러 하나 單數名詞의 우에 數量形容詞가 있어서 그 알에 있는 名詞의 數量을 制限하는 境遇에는 그 名詞의 알에 『들』을

더 하지 않기도 한다 끝

두 살암、세 학생、다섯 아해

(二)

名詞의 性에 말미암아 變하야 옴
기어지는 것이라 하는 것은 性을
닯아 갈나이는 것인이 이에 陽性
과 陰性과 中性과 通性의 네 가지
가 잇다

(甲) 陽性

둘과 같이 陽인 性으로 된 것을 陽性이
라 한다

도령 올아비 사내

(乙) 陰性

둘과 같이 陰인 性으로 된 것을 陰性이
라 한다

처녀 누의 게집

(丙) 中性

동산 칼 나무

둘과 같이 陽도 않이오 陰도 않인 性으
로 된 것을 中性이라 한다

(丁) 通性

사촌 아오 족하 남

둘과 같이 陽도 되고 陰도 되는 性으로
된 것을 通性이라 한다

名詞의 性의 變化에는 全體로 달르게 옴기
어지는 것의 달른 흡을 더 하야 옴기어
지는 것의 두 가지가 잇다

1、全體로 變하는 것의 例

通性 살암 어버이 동생 쇼년 즘승 꿩

陽性 사내 아버지 올아비 도령 수 강끼

陰性 계집 어머니 누의 처녀 암 까톨이

2、 달른 홀을 더 하는 것의 例

陽性 사내 종　남 선생　사내 아해
陰性 계집 종　녀 선생　계집 아해

둘과 같이 中性의 우에 陽性에는 『사내』
를 陰性에는 『계집』을 더 하야 性의 區
別을 일운다 이는 다 살암에게 딿인 性
의 區別이어니와 또 즘승이나 事物에 對
하야는 陽性에는 『수』를 陰性에는 『암』을
그 우에 더 한다

陽性 수 닭、수 개、수 기와、수 쇠、
　　　수 돌적위
陰性 암 닭、암 개、암 기와、암 쇠、
　　　암 돌적위

풀이 中性 名詞의 우에 그 性을 같이기
爲하야 더 하야지는 말들은 그에 對한 한

낫 形容詞이다

(三) 名詞의 待遇에 말미암아 變하야
옴기어 지는 것이라 하는 것은 待
遇를 딿아 갈나이는 것인이 이에
平稱과 尊稱의 두 가지가 있다

平稱 아비、어미、밥、집、말、꾸짖음
尊稱 아버지、어머니、진지、댁、말삼、꾸질암

풀이 待遇의 仔細한 區別은 第三十二節
『副詞의 變化』에 꼬아라 이 우에 보인 바
名詞의 變化 全部는 알과 같다

名詞의 變化
待遇 { 尊稱 平稱 }
性 { 通性 中性 陰性 陽性 }
數量 { 複數 單數 }

第二十九節　代名詞의 變化

代名詞는 數量과 待遇에 말미암아 變하야 옴기어 진다

(一) 代名詞의 數量에 말미암아 變하야 옴기어 지는 것이라 하는 것은 名詞의 그 것과 같이 또한 單數와 複數의 區別로 갈나인다

單數	것	누구	무엇	거	이
複數	것들	누구들	무엇들	거들	이들

單數代名詞가 複數로 되기에는 名詞의 그 것과 같이 그 알에 『들』을 더 하야 일우어 나 다만 人數代名詞 第一人과 第二人의 單數가 複數로 되기에 全體로 變한다

	第一人	第二人
單數	나	너
複數	울이	너이

또 複數로 된 人類代名詞 『울인』『너인』와 같은 것들은 그 알에 『들』을 거듭 하기도 한다

	第一人	第二人
單數	나	너
複數	울이	너이
重複數	울이들	너이들

(二) 代名詞의 待遇에 말미암아 變하야 옴기어 지는 것이라 하는 것은 人類代名詞 第二人이 年齒이나 或 地位에 말미암아 『하옵시오』『하오』[하게] [하야라] 로 갈나인다

第二人	
하옵시오	존장
하 오	로형

하게　자네

하야라　너

풀이 待遇의　仔細한　區別은　第三十二節

『副詞의　變化에』　보아라

代名詞가　우와　같이　待遇에　말미암아

變化　되는　外에　또　形容代名詞　『저』는

암과　같은　區別로　人類代名詞와　事物

代名詞로　通用　된다

人類代名詞			事物代名詞
第一人	第二人	第三人	
저	저	저	저

의　『저』는　第一人에　當하야는　自己를　낮치는

말이오　그　外는　다　남을　낮치는　것이다

이　우에　보인　바　代名詞의　變化　全部는　알

과　같다

代名詞의　變化

數量 ─ 單數 / 複數

待遇 ─ 하옵시오 / 하오 / 하게 / 하야라

第三十節　動詞의　變化

動詞는　됨됨이와　作用과　待遇와　알　잡

음에　말미암아　變하야　옴기어　진다

(一)

動詞의　됨됨이에　말미암아　變하야

옴기어　지는　것이라　하는　것은　各

音動詞를　通하야　그　根本　되야　진

部分의　갈나임인이　이에　語根과

語尾의　두　가지가　있다

이　것을　거기　『루』오

이　것을　거기　『두어』라

의 『두』와 『두어』의 두 가지로 갈나인다
우에 보인바 『두』와 같은 것은 動詞로 된
原語이다 그러 함으로 이러 하게 된 것을
『語根』이라 하고 『두어』와 같은 것은 語根
『두』에 『어』를 더 하야 『두어』로 갈나인 것
이다 그러 함으로 이러 하게 된 것을 語尾
아라 한다 이에 말미암아 各音動詞의 語根과
語尾는 알과 같이 갈나이어 음기어 진다

音動詞의 區別	根尾의 區別		實例	
	語根	語尾	語根	語尾
ㅏ音動詞	ㅏ	아	받受	받아
ㅓ音動詞	ㅓ	어	걸掛	걸어
ㅕ音動詞	ㅕ	어	겪經	겪어
ㅗ音動詞	ㅗ	아	보見	보아
ㅜ音動詞	ㅜ	어	불吹	불어
ㅡ音動詞	ㅡ	어	들擧	들어
ㅣ音動詞	ㅣ	어	물擧	물어

ㅏ音動詞 ─┬─ ㅏ音動詞 ── ㅣ ── 어 ── 피發 ── 피어
　　　　　└─ 重母音動詞 ── ㅣ ── 여 ── 캐採 ── 캐여

풀이　ㅏ音動詞 中 다만 『하爲』와 같은
것의 語尾는 『야』 끝 『하야』로 되는 異例
도 있다

(二)
動詞의 作用에 말미암아 變하야
음기어 지는 것이라 하는 것은 그
쓰임에 말미암아 그 語根에 달른
音을 더 하야 갈나이는 것인이 이
에 自動詞의 作用과 他動詞의 作
用의 두 가지가 있다

(甲)
自動詞의 作用
自動詞의 作用이라 하는 것은 自動詞의
語根에 달른 音을 더 하야 他動詞로 갈
나이는 것이다

	自動詞		他動詞
語根	쓰이는 例	音을 더한 것이 쓰이는 例	
뭐楊	물이 ─다 뭐기	물을 ─다	
늘延	때가 ─다늘이	때를 ─다	
스立	旗가 ─다스이	旗를 ─다	
누臥	살암이 ─다누이	살암을 ─다	
자眠	아해가 ─다차이	아해를 ─다	

(乙) 他動詞의 作用

他動詞의 作用이라 하는 것은 他動詞(自動詞가 變하야 된 것은 말고)의 語根에 딸른 音을 더 하야 갈나이는 것인이 이에 主動詞와 被動詞와 使動詞의 세 가지가 있다

1、主動詞이라 하는 것은 움작이는 當者가 爲主하야 움작이는 뜻이다

아해가 밥을 『먹』다

學生이 글씨를 『쓰』다

저 이가 册을 『보』다

울이가 굴을 『읽』다

下人이 燈을 『둘』다

의 『먹』『쓰』『보』『읽』『둘』들은 한 句語의 主語가 爲主하야 그 움작임의 當者됨을 날아 나이는 말이다 그러 함으로 이러 하게 쓰이는 他動詞를 『主動詞』이라 한다

【풀이】 主語이라 하는 것은 한 句語의 主人 되는 名詞이나 代名詞인이 여긔에 보인바 句語로 말하면 『내가』『學生이』『저이가』『울이가』『下人이』들과 같은 것이다 그 仔細한 것은 『第四十二節』『句語의 定義와 成分』에 보아라

2、 被動詞이라 하는 것은 남에게 움작이
어 지는 뜻이다

밥이 『먹어 지다』……밥이 『먹히』다

글씨가 『쓰어 지다』……글씨가 『쓰이』다

冊이 『보아 지다』……冊이 『보이』다

글이 『읽어 지다』……글이 『읽히』다

燈이 『둘어 지다』……燈이 『둘니』다

외 『먹히』 『쓰이』 『보이』 『읽히』 『둘이』들은
『하야 지』의 뜻으로 한 句語의 主語가 남
에게 움작이어 지는 말이다 그러함으로
이러 하게 쓰이는 他動詞를 被動詞이라
한다

3、 使動詞이라 하는 것은 남을 식히어
움작이게 하는 뜻이다

내가 밥을 『먹게 하』다……
내가 밥을 『먹이』다

내가 글씨를 『쓰게 하』다……
내가 글씨를 『쓰이』다

그이가 冊을 『보게 하』다……
그 이가 冊을 『보이』다

先生이 글을 『읽게 하』다……
先生이 글을 『읽히』다

上典이 燈을 『둘게 하』다……
上典이 燈을 『둘니』다

의 『먹이』 『쓰이』 『보이』 『읽히』 『둘니』들은
남을 식히어 하는 말이다 그러 함으로 이러
하게 쓰이는 他動詞를 使動詞이라 한다

이에 말미암아 自動詞에 달른 音을 더 하야
他動詞를 만드는 法이나 또 他動詞에 달른
音을 더 하야 被動詞이나 使動詞로 하는 法

은　大概　알과　같다

（中）
第一　받침　없이　된　自動詞의　變化
自動詞를　他動詞로　하는　法

音動詞의 區別	自動詞	他動詞	더 하야 지는 音
ㅏ音動詞	자（寐）	자이	이
ㅓ音動詞			
ㅕ音動詞			
ㅗ音動詞	오（來）	오이	이
ㅜ音動詞	누（臥）	누이	이
ㅡ音動詞	쓰	쓰이	이
ㅣ音動詞	기（匍）		기
重母音動詞	뛰（揚）	뛰기	기

이와 같이 받침 없이 된 自動詞의 語根에는 「이」, 「기」를 더 하야 他動詞로 하나 그 더 하야 지는 音이 한 결 같지 않이 하다 또 그러 하게 되야 지지 않이 하는 것도 있다

第二　받침　있이　된　自動詞의　變化　〔各音動詞를　通하야〕

받침의 區別	自動詞	他動詞 或 더하야지 被動詞로는 音
ㄱ	묵留	묵이(히) 히, 이
ㄴ	삭消	삭이(히) 히, 이
ㄷ	돌挑	돌치 치
ㄹ	불吹	불니 니
ㅁ	숨隱	숨기 기
ㅂ	굽曲	굽히 히
ㅅ	줏聱	줏치 치
ㅈ	잦渦	잦치 치
ㅊ	잦	잦치 치
ㅌ		
ㅍ	불着	불치 치
ㅎ		

이와 같이 받침 있이 된 自動詞의 語根
에는 「히」, 「이」, 「치」, 「니」, 「기」를 더
하야 他動詞로 하나 그 더 하야 지는
音이 또한 한 결 같지 않이 하다

他動詞를 被動詞이나 使動詞로 하는 法

第一　받침 없이 된 他動詞의 變化

（乙）

音動詞의 區別	主動詞	被動詞	使動詞	더하야 지는音
ㅏ音動詞	싸 裹	싸이	싸이	이
ㅕ音動詞	펴 敷	펴이	펴이	이
ㅗ音動詞	쏘 射	쏘이	쏘이	이
ㅜ音動詞	쑤	쑤이	쑤이	이
ㅡ音動詞	쓰 書	쓰이	쓰이	이
ㅣ音動詞				이
ㅇ音動詞	당 抵	당이	당이	이
ㅎ音動詞	치	치이	치이	이

區別	主動詞	被動詞	使動詞	더하야지는音
一音動詞	치 伐	치이	치이	이
重母音動詞	캐 探	캐이	캐이	이

이와 같이 받침 없이 된 他動詞의 語根
에는 大槪 「이」를 더 하야 被動詞로나
使動詞로 하나 또 이와 달르게 갈나이는
것도 있다

第二　받침 있이 된 他動詞의 變化 （各音動
詞를 通하야）

받침의 區別	主動詞	被動詞	使動詞	더하야지는音
ㄱ	박 印	박히	박히	히
ㄴ	신 穿	신기	신기	기
ㄷ	받 受	받치	받치	치
ㄹ	불 吹	불니	불니	니
ㅁ	담 盛	담기	담기	기
ㅂ	잡 執	잡히	잡히	히
ㅅ	벗 脫	벗기	벗기	기

ㅈ	ㅊ	ㅌ	ㅍ	ㅎ	ㆆ	ㅇ
꽂 挿	찢 裂	쫓 逐	밭 麗	딯 編	땋	옹 績
꽂치	찢기	쫓기	밭치	딯이	땋이	ㅇ
꽂치	찢기	쫓치	밭치	덯이	땋이	ㅇ
치	기, 치	기	치	이	이	이

이와 같이 받침 있이 된 他動詞의 語根
에는 大概「이」「기」「니」「히」「치」를 더
하야 被動詞로나 使動詞로 하나 그 더
하야지는 音이 한결 같지 않이 하며
또「웅」과 같이 갈나이지 않이 하는 것
도 있다 自動詞이나 他動詞의 語根에 더
하야지는 音中「이」는 받침 없이 된
動詞의 알에는 흔히「ㅣ발침」으로 되야
진다

자……자이……재
누……누이……뉘
나……나이……내
스……스이……싀
쓰……쓰이……씌
싸……싸이……쌔
퍼……펴이……폐
쏘……쏘이……쐬

(三)
動詞의 待遇에 말미암아 變하야
옴기어 는 것이라 하는 것은 待遇를
딿아 갈나이는 것인이 이에 平稱과 尊
稱의 두 가지가 있다

平稱　먹　자　있　죽
尊稱　잡수　주무시　게시　돌아　가

[풀이]　待遇의　仔細한　區別은　第三十二節

『副詞의　變化』에　보아라

(四)

動詞의　알　잡음에　말미암아　變하야　옴기어　지는　것이라　하는　것은　第一人이　第二人이나　第三人에　當한　述語인　動詞를　알　잡아　옴기어서　그　이를　적고　가벼웁게　역이는　것이다

〖不凡〗　빌어　먹다　일기　둥이다　흘기다

〖잡음〗　밸어　먹다　앨기　둥이다　할기다

이와　같이　『빌어』는　『밸어』로　『일기』는　『앨기』로　『흘기』는　『할기』로　갈나인다　그러하나　그　갈나이어　알　잡는　法이　한　결같지　않이　하다

〖풀이〗　述語이라　하는　것은　한　句語의　主語의　움작임이나　形容을　벼푸는　말인이　그

仔細한　것은　第四十二節　『句語의　定義와　成分』에　보아라

이　우에　보인　바　動詞의　變化　全部는　알과　같다

動詞의　變化
- 됨됨이 〈 語根 / 語尾 〉
- 作用 〈 自動詞……他動詞 / 他動詞 〈 主動詞 / 被動詞 / 使動詞 〉 〉
- 待遇 〈 尊稱 / 平稱 〉
- 알 잡음

第三十一節　形容詞의　變化

形容詞는　됨됨이와　位置와　알　말미암아　變하야　옴기어　진다

(一)　形容詞의　됨됨이에　말미암아　變하

야 옴기어 지는 것이라 하는 것은

各音形容詞를 通하야 그 根本 되

야 진 部分의 갈나 임인이 이에

語根과 語尾의 두 가지가 있다

이 것이 『검』다

이 것이 『검어』서 않이 되았다

의 『검』과 『검어』의 두 가지로 갈나인다

우에 보인 바 『검』과 같은 것은 形容詞로

된 原語이다 그러함으로 이러 하게 된 것을

語根이라 하고 『검어』와 같은 것은 語根『검』

에 『어』를 더 하야 『검어』로 갈나인 것이

다 그러 함으로 이러 하게 된 것을 語尾이

라 한다 이에 말미암아 各音形容詞의 語根과

語尾는 알과 같이 갈나이어 옴기어 진다

音形容詞의 區別	根尾의 區別		實例	
形容詞	語根	語尾	語根	語尾
ㅏ音形容詞	ㅏ	아	밝 明	밝아
ㅑ音形容詞	ㅑ	아	얕 淺	얕아
ㅓ音形容詞	ㅓ	어	검 黑	검어
ㅕ音形容詞	ㅕ	어	엷 薄	엷어
ㅗ音形容詞	ㅗ	아	높 高	높아
ㅜ音形容詞	ㅜ	우	추 寒	추우
一音形容詞	一	어	슳 悲	슳어
ㅣ音形容詞	ㅣ	어	길 長	길어
ㅣ重母音形容詞	ㅣㅣ	여	재 疾	재여

『풀이』形容詞 中 語根과 語尾를 가진 것

들은 大槪 普通形容詞와 數量形容詞 未定數

의 若干이오 指示形容詞와 또 未定形容詞이

나 普通形容詞의 若干은 그 語根만 가지고

語尾의 갈나임이 없기도 하다 끝

指示形容詞 이 그 저

未定形容詞 얼마 몇

普通形容詞 새 헛

우에 보인 바 語根과 語尾는 動詞의 그
것이나 形容詞의 그 것이나 몰우 그 알에
달른 詞이나 吐를 밍 닿이기에 音便을 딸아
그 쓰이는 길이 各々 달르다 그 例는 알
과 같다

詞의 區別 / 根尾의 區別	지다	하다	좋다	도	도록	게	다
動詞 語根 보							
動詞 語尾 보아ㅣ	ㅣ	ㅣ					
形容詞 語根 놀							
形容詞 語尾 놀아ㅣ			ㅣ	ㅣ	ㅣ		

의 動詞 『지』 『하』와 形容詞 『좋』와 吐 『도』
는 語尾에 또 吐 『도록』 『게』 『다』 는 語
根에 밍 닿이었다 語根과 語尾의 쓰임이
이와 같이 달르게 된이 以下 各例에도 이
것을 恭酌하야 보아라

（二）

形容詞의 位置에 말미암아 變하야
옴기어 지는 것이라 하는 것은 그
쓰이는 位置를 딸아 갈나이는 것
인이 이에 冠置形容詞와 後置形容
詞의 두 가지가 있다

『붉은』 꼿이 피었다………꼿이 『붉』다
『붉은』 것이 좋다………저 것이 『붉』다
와 같이 『붉은』 과 『붉』의 두 가지로 갈나
인다
우에 보인 바 『붉은』 과 같이 名詞이나 代
名詞의 우에 있어서 그 알에 있는 詞위

形容을 날아 나이기에 쓰이는 形容詞를 冠置形容詞이라 하고 『붉』과 같이 名詞이나 代名詞의 알에 있어서 그 우에 있는 詞의 形容을 돌이키어 날아 나이기에 쓰이는 形容詞를 後置形容詞이라 한다

【풀이】 冠置形容詞는 冠詞이라고도 일칼르며 또 읗어 한 學說에는 『언씨』이라고도 한다 이는 語根과 語尾를 가진 形容詞의 語根에 助吐『ㄴ、ㄹ』를 더 하야 일우어 지는 것인이 그 仔細한 것은 第三十八節 『助吐의 用法』中 二○『ㄴ』條와 三九『ㄹ』條에 보며 後置形容詞는 終止吐를 더 하야 한 句語의 述語로 쓰이는 것인이 그 仔細한 것은 第三十九節 『終止吐의 用法』第三項과 第四十二節 『句語의 定義와 成分』에 보아라

그려 하나 形容詞가 다 이와 같이 갈나이는 것이 않이다 그 冠置와 後置로 갈나이는 것들은 大槪 語根과 語尾를 가진 形容詞들뿐이오 語根만 있고 語尾의 變化가 없이 된 指示形容詞와 또 未定形容詞이나 普通形容詞의 若干은 冠置로만 쓰이고 後置로는 않이 쓰인다

△語根과 語尾를 가진 形容詞의 冠置와 後置로 쓰이는 例

冠置形容詞	後置形容詞
붉은	붉다
높은	높다
흰	희다
신	시다

【풀이】 『ㄴ』이나 『ㄹ』가 받침 있이 된 形容詞의 알에 『은』이나 『을』로 되는 것은 形

音便에 말미암음인이 그 仔細한 것은 第三十八節 『助吐의 用法』中 二○『ㄴ』條와 三九『ㄹ』條에 보아라

△語根만 있고 語尾가 없이 된 指示形容詞와 未定形容詞와 普通形容詞의 冠置形容詞로만 쓰이는 例

冠置形容詞　　　　稱置形容詞

이〉아해〉ㅇ다

그〉살암〉ㅇ다

저〉이〉ㅇ다

얼마〉항〉ㅇ다

몃〉낫〉ㅇ다

새〉웃〉ㅇ다

훗〉웃〉ㅇ다

ㅇ다

또 冠置形容詞는 語根과 語尾를 가진 形容詞에 助吐『ㄴ』『ㄹ』를 더 하야 일우는 外에 名詞이나 代名詞의 알에는 助吐『ㄴ』『ㄹ』를 動詞의 알에는 助吐『는』『ㄴ』『ㄹ』를 더 하야 일우어진이 그 名詞이나 代名詞로 되든。冠置形容詞는 大槪 意義上 普通形容詞이으 그 動詞로 되는 것은 意義上 行動形容詞이다 그 各例는 알과 같다

名詞로 된 冠置形容詞、 살암의 살암인 살암일

代名詞로 된 冠置形容詞、 그 것의 구 것인 그 것일

動詞로 된 冠置形容詞、 보는 본 볼

또 指示形容詞『이』『그』『저』는 恒常 名詞이나 代名詞의 우에 冠置形容詞로만 쓰이는 바 近稱『이』와 中稱『그』는 處所代名詞

『거』의 우에 쓰이는 境遇에는 알과 같이 갈나인다 그러 하나 그 갈나이어 알 잡는 法이 한 결 같지 않이 하다

『이』는 『여』로 『그』는 『거』로 갈나인다 이 우에 보인 바 形容詞의 變化 全部는 알과 같다

이 거……여 거
그 거………거 거

(三) 形容詞의 알 잡음에 말미암아 變하야 옴기어 지는 것이라 하는 것은 살암이나 事物의 形容을 알 잡아 옴기어 적고 가벼웁게 역이는 것이다

| 凡 | 이 것 그 놈、저{꼿、묵}직、길、축、넓{축、 |
| 알잡음 | 요 것 고 놈、조{꼿、막}직、갈、축、넓{축、갈、축. |

와 『이』는 『요』로 『그』는 『고』로 『저』는 『조』로 『묵』은 『막』으로 『넓』은 『납』으로、

形容詞의 變化 { 됨됨이……{語根/語尾}　位置………{前置/後置} }　알 잡음

第三十二節　副詞의 變化

副詞中 變化하는 것은 應對副詞가 『하옵시오』 『하오』 『반말』 『하게』 『하야라』의 다섯 가지 待遇에 말미암아 갈나인다

(一) 『하옵시오』이라 하는 것은 가장 웃듬 되는 待接이다 끝

（二）
『하오』이라 하는 것은 『하옵시오』
의 버금 되는 待接이다 끔
에 네

（三）
『반말』이라 하는 것은 『하오』와
『하게』의나 또 『하게』와 『하야라』
의 사이 되는 待接이다 끔
응 어

（四）
『하게』이라 하는 것은 『하야라』 보
다 높히는 待接이다 끔
응 어

（五）
『하야라』이라 하는 것은 가장 낮
은 待接이다 끔
왜 온야 오 웅

［풀이］
各詞의 待遇에 말미암는 變化는 다
이 副詞의 待遇에 말미암아 標準 된다

이 우에 보인 바 應對副詞는 남의 불름에
對하야 맞우 應하는 말이나 또 울이가 남을
불르는 境遇에도 待遇에 말미암아 그 불름이
알과 같이 같나인다

例	待遇	
덤	하옵시오	오
동	하오	하오
덤동(씨)	반말	하게
덤동(씨)	하게	하야라
덤 동덤동(이)	하야라	
덤동(아)		

의 『하옵시오』와 『하오』의 『씨』는 『氏』의
뜻이오 『하게』의 『이』는 『人,者』의 뜻이오
『하야라』의 『아』는 『兒』의 뜻인이 이는 다
남의 姓名을 불를 적에 그 불르는 姓名의
알에 더 하야 우와 같은 區別로 쓰인다
또 『하옵시오』이나 『하오』의 『씨』外에 『님』
을 더 하야 알과 같이 쓰이는 말도 있은
이 이 『님』은 『얼은』이라 하는 뜻이다

님금님, 선생님, 아버님, 어머님, 형님,

「풀이」「씨」「님」「이」「아」를 더 하야

불르어 지는 名詞(반말의 境遇에도)는 다만

한 낫 名詞로 한 句語의 우에 더 하야

남을 불르는 뜻을 날아 나일뿐이오 副詞로

되는 것은 않이다

이 우에 보인 바 副詞의 變化 全部는 알과

갈다

第三十三節　吐의 變化

副詞의變化 { 하읍시오 / 하오 / 반말 / 하게 / 하야라 }

吐中 變化하는 것은 助吐의 若干과 終
止吐의 全部와 感歎吐의 若干이 待遇

로 말미암아 갈나인다

(一) 助吐의 變化

助吐中 變化하는 것은 名詞이나 代名詞를
主格으로 날아나이는 「이」「가」와 또 그 것
들을 準副詞로 되게 하는 「이」「에게」가 「하읍시
오」의 境遇에 알과 갈이 갈나인다

(甲) 「이」「가」의 變化

待遇	이, 가 쓰임	
하읍시오	께읍서	한으님께읍서, 아버지께오서, 께서, 열은께서
하오	이, 가	께서, 포형이, 그대가
반말	이, 가	이 살암이, 제가
하게	이, 가	저 살암이, 자네가
하야라	이, 가	그 놈이, 네가

(二) 終止吐의 變化

終止吐는 名詞이나 代名詞와 動詞
와 形容詞(語根과 語尾를 가진)의
알에 쓰임이 各各달르고 또 待遇
에 말마암아 알과 갓이 갓나인다

(甲)

名詞이나 代名詞의 알에 쓰이는 終止吐
의 變化

(乙) 『에게』의 變化

待遇	에게	쓰　　임
하옵시오 께	한으님께	
하오 에게	포형에게	
반말 에게	그 이에게	
하게 에게	자네에게	
하야라 에게	너에게	

(甲) 名詞의 알에 쓰이는 終止吐의 變化

待遇 \ 吐	平述吐 쓰　임	疑問吐 쓰　임
하옵시오	올시다 살암이옵니다 / 온이다 살암이외다 / 살암이올시다	살암이옵니가 / 온이가 살암이온이가
하오	살암이오	살암이오
반말	살암이아	살암이아
하게	살암일세	살암이가
하야라	살암이다	야 / 살암이야
라	살암이라	살암이가 / 살암이야

(乙) 動詞의 알에 쓰이는 終止吐의 變化

待遇 \ 吐	平述吐 쓰임吐	疑問 쓰임詞	共動 쓰임吐	命令 쓰임
하옵시오	다나이다 / 다옵나이다	다나이가 / 이다보나이가	다나이가 / 이보나	시지오 / 지보시오 / 옵시오 / 시보옵
	다슴니다 / 다옵니다 / 가슴니다 / 다옵니가	니읍슴니다 / 니다슴니가 / 니보가슴	니읍가	

(丙)	하야라	하게	반말 · 動詞語尾 로맞친다	하오
	하야라다	하게이네	네	하오 / 보오오 보오오 · 보소
	본다이	보다네 보나야	보이나 보아가 보이야	보소 읽소 / 보아 보아
	본이자	보는 보가세	보나 보아세	읽소 / 보아 / 보오압시다 압시보옵시다 오보시 · 보오옵시오 시보옵시오
	보자라	보세	보아	보세 시보시다보시오
	라보아 보라	보소게	보게소 보아	오보아 보소

動詞語尾 로맞친다

한다

[풀이] 이 우에 보인 바 終止吐의 變化는
그 大槪만 들은 것인 바 또 이 것들은 音
便에 말미암아 多少間 갈나인이 그 仔細한
것은 第三十九節 終止吐의 用法에 보아라

(三) 感歎吐의 變化

感歎吐中 變化에 注意할만 한 것
들은 大槪 待遇로 말미암아 갈나
이는 『그려』『군』『군아』『구면』
『걸』『ㅁ들인이』『그려』는 各種 待
遇(반말은 말고)에,『군』『군아』는 『하
야라』에,『군』『구면』『걸』『ㅁ』은
『반』말에 쓰인다

形容詞의 알에 쓰이는 終止吐의 變化
形容詞의 알에 쓰이는 終止吐의 變化는
大槪 動詞의 알에 쓰이는 그 것과 같
으며 또 名詞이나 代名詞와 形容詞의
알에는 共動吐와 命令吐가 쓰이지 않이

待遇＼吐	그	려	군	군아구면	걸	ㅁ
하옵시오	꼿이올시다ㅣ					
하오	꼿이오ㅣ				꼿이 로ㅣ	
반말	꼿이ㅣ			로ㅣ	꼿이 꼿인 꼿이	
하게	꼿일세ㅣ			로ㅣㅣ		
하야라	꼿이다ㅣ			라ㅣ		

같다

이 우에 보인 바 吐의 變化 全部는 알파

感歎吐의 用法에 보아라

【풀이】 感歎吐의 仔細한 것은 第四十節

吐의 變化
　詞 ── 名詞와 代名詞의 알
　　　　動詞와 形容詞의 알
　待遇 ── 하옵시오 오
　　　　　하오 오
　　　　　반말 말
　　　　　하게 게
　　　　　하야라 라

第六章　詞의 밧구임

詞의 밧구임이라 하는 것은 한 낫 詞의
알에 달른 詞이나 달른 吐이나 달른
音을 더 하야 달른 種類의 詞로 變하
야 밧구이어 지는 것인이 이에 名詞 代
名詞 動詞 形容詞의 밧구임들이 있다

第三十四節　名詞의 밧구임

名詞는 動詞와 形容詞와 副詞로 變
하야 밧구인다

(一)
名詞의 動詞로 밧구임이라 하는
것은 大槪 漢字로 된 名詞가 그
알에 ㅏ音動詞 『하爲』를 더 하야
動詞로 밧구이어 쓰이는 것이다
『硏究하』다 『講演하』다 『工
夫하』다 『始作하』다 『工

의「하」와 같이 그 우에 있는 漢字와 아울

르어 한 낫 動詞로 되는 것인이 이러 하

게 되는 動詞는 다만 「하」한아 뿐이다

(二) 名詞의 形容詞로 밧구임이라 하는

것은 알과 같이 세 가지가 있다

(甲)

名詞가 그 알에 助吐「의」「ㄴ」「ㄹ」

를 더 하야 冠置形容詞로 밧구인다

꼿의　　꼿인　　꼿일

풀이 「ㄴ」이나 「ㄹ」가 名詞의 알에 「인」

이나 「일」로 되는 것은 音便에 말미암음인

이고 仔細한 것은 第三十八節『助吐의 用

法」中 二〇「ㄴ」條와 三九『ㄹ』條에 보아

라 代名詞의 알에도 이와 같이 된다

(乙)

名詞가 그 알에 달른 吐이나 달른 音

을 더 하지 않이 하고 그대로 冠置形

容詞로 쓰인다

나무 못 꾀 병 조히 돈

(丙)

名詞가 달른 名詞이나 代名詞의 알에

거듭 하야 그 우에 있는 名詞이나 代

名詞를 도우어 그 뜻을 다시 說明하기

에 쓰인다

名詞의 알　서울 그 곳, 이冊 이 物件은

代名詞의 알　울이 人生이, 너이 學生을은

풀이 名詞이나 代名詞의 알에 더 하야

그 우에 있는 詞들을 도우어 說明하는 名

詞는 한낫 거듭쓰인 것으로 그 우에 있는

것과 同等의 格位를 가지는 것이오 아주

形容詞로 밧구이는 것은 않이다

(三) 名詞의 副詞로 밧구임이라 하는

것은 알과 같이 두 가지가 있다

(甲)

名詞가 그 알에 助吐를 더 하야 準副
詞로 밧구이어 쓰인다

한을에 나무로 아해에게

(乙)

名詞가 그 알에 助吐를 더 하지 않이
하고 그대로 副詞로 쓰닌다

오날 그 이가 온다 그 이가 서울

이 우에 보인 바 名詞의 밧구임 全部는 알
있다

과 같다

名詞의 밧구임 {

動詞 〔漢字에 「하」를 더 하는것〕

形容詞 〔(助吐)「의」「ㄴ」「ㄹ」를 더 하는것、 그대로 되는것、 거듭되는것〕

副詞 〔助吐를 더 하는것 그대로 되는것〕

第三十五節 代名詞의 밧구임

代名詞는 形容詞와 副詞로 變하야 밧
구인다

(一) 代名詞의 形容詞로 밧구임이라 하
는 것은 알과 같이 두 가지가
있다

(甲) 代名詞가 그 알에 助吐「의」「ㄴ」「ㄹ」를
더 하야 冠置形容詞로 밧구이어 쓰인다

그 이와 그 이인 그 이일

(乙) 代名詞가 名詞의 알에 거듭 하야 그
우에 있는 詞를 도우어 그 뜻을 說明
하기에 쓰인다

名詞의 알 開城 여 긔는、
學生 울이가

(二) 代名詞의 副詞로 밧구임이라 하는
것은 名詞의 副詞로 밧구임과 같

이 두 가지가 있다

（甲）
代名詞가 그 알에 助吐를 더 하야 準
副詞로 밧구이어 쓰인다
　이 이에게 저 것으로 거 긔에

（乙）
代名詞가 그 알에 助吐를 더 하지 않
이 하고 그 대로 副詞로 쓰인다
　그 이가 저 긔 있다、
　저 이가 이리 온다

【풀이】 代名詞의 各詞로 밧구이는 條件은
名詞와 좀 달르나 그 밧구이는 方法은 大
槪 名詞와 같다
이 우에 보인 바 代名詞의 밧구임 全部는
알과 같다

代名詞의 밧구임 ⎰ 形容詞 — 助吐「의」「ㄴ」「ㄹ」를더 하는것
　　　　　　　 ⎱ 副詞 — 助吐를더 되는것 / 그대로 되는것

第三十六節　動詞의 밧구임

（一）
動詞는 名詞와 形容詞와 副詞로 變하
야 밧구인다

動詞는 名詞로 밧구임이라 하는
것은 그 語根에 달른 씁을 더 하
야 行動名詞로 밧구는 것인이 이
에「기」불침과「이」불침과「개」불
침과「ㅁ」받침의 네 가지가 있다

（甲）
기 불침　行動名詞
쓰「書」‥‥‥쓰기
보「見」‥‥‥보기
캐「採」‥‥‥캐기

주『給』………주기

먹『喫』………먹기

둘과 같이 動詞의 語根에 『기』를 더 붙
치어 일우는 名詞를 가 붙침 行動名詞이
라 한다

이에 말미암아 名詞가 變하야 밧구이어
된 動詞도 이와 같이 된다

工夫하………工夫하기

풀이 『기』는 그러 하게 일우어 지는 일
이라 하는 뜻인이 動詞의 語根에 붙치어
지어 그 우에 있는 動詞가 未定의 뜻을
품는 行動名詞로 되게 하기에 쓰인다

(乙) 이 붙침 行動名詞

먹『喫』………먹이

뚧『穿』………뚧이

같『磨』………같이

걸『掛』………걸이

밀『推』………밀이

둘과 같이 動詞의 語根을 이 붙
치어 일우는 名詞를 이 붙침 行動名詞이
라 한다

풀이 『이』는 그러 하게 쓰이는 物件이나
或 그러 하게 일우어 지는 일이라 하는
뜻인이 動詞의 語根에 붙치어 지어 그 우
에 있는 動詞가 그러 하게 쓰이는 物件이
나 그러 하게 일우어 지는 일인 뜻을 품
는 行動名詞로 되게 하기에 쓰인다 그러
하나 動詞마다 다 이려 하게 되지 않이
한다

(丙) 개 붙침 行動名詞

덮覆……덮개

집執……집개

싸包……싸개

뜨取……뜨개

벼枕……벼개

둘과 같이 動詞의 語根에 『개』를 더 불
치어 일우는 名詞를 개 불침 行動名詞이
라 한다

[풀이] 『개』는 그러 하게 쓰이는 物件이라
하는 뜻인이 動詞의 語根에 불치어 지어
그 우에 있는 動詞가 그러 하게 쓰이는
物件인 뜻을 품는 行動名詞 끔 普通名詞도
되게 하기에 쓰인다 그러 하나 動詞마다
다 이러 하게 되지 않이 한다

(丁)
ㅁ 받침　行動名詞

꾸夢……꿈

싸包……쌈

뛰跳……뜀

추舞……춤

뜨炙……뜸

둘과 같이 動詞의 語根에 『ㅁ』를 받치어
일우는 名詞를 ㅁ받침 行動名詞이라 한다
그러 한대 받침 있이 된 動詞의 語根에
는 『음』을 더 하야 이 것을 일운다

먹喫……먹음

읽讀……읽음

받受……받음

살生……살음(삶)

불吹……불음

삶烹……삶음

이에 말미암아 名詞가 變하야 밧구이어 된

動詞도 이와 같이 된다

　研究하………研究함

『풀이』『ㅁ』이나 『음』은 그러 하게 일우어

지는 움작임이라 하는 뜻인이 動詞의 語根

에 불치어 지어 그 우에 있는 動詞가 既

定의 뜻을 품는 行動名詞로 되게 하기에

쓰인다

또

살암『임』………그 이『임』

眞理『임』………저 것『임』

天倫『임』………여 거『임』

原則『임』………저 이『임』

本意『임』………이 이『임』

둘의 『임』은 名詞이나 代名詞의 알에 더

하야 그 우에 있는 詞가 다시 ㅁ 받침

行動名詞로 되게 하기에 쓰인다

『임』은 『이』에 『ㅁ』를 더 한 것이오 『이』

는 『되成』의 뜻을 품은 것인이 그 仔細

한 것은 第三十八節 『助吐의 用法』中 七

七『이』條에 보아라

(二)

動詞의 形容詞로 밧구임이라 하는

것은 動詞의 語根에 助吐 『는』『ㄴ』

『ㄹ』를 더 하야 行動形容詞 곧 冠

置形容詞로 밧구이는 것이다

는　오는　가는　보는　름는　읽는

ㄴ　온　간　본　름은　읽은

ㄹ　　　　　　　　　　쓰

올 갈 볼 듦을 읽을 쓸

이에 말미암아 名詞가 變하야 밧구인 動詞
도 이와 같이 된다

工夫하는　工夫한　工夫할

풀이 『ㄴ』이나 『ㄹ』가 받침 있이 된 動詞의 語根 알에 『은』이나 『을』로 되는 것은 音便에 말미암음인이 그 仔細한 것은 第三十八節 『助吐의 用法』中 二○ 『ㄴ』條와 三九 『ㄹ』條에 보아라

(三) 動詞의 副詞로 밧구임이라 하는 것은 알과 같이 두 가지가 있다

(甲) 動詞가 그 語根에 助吐를 더 하야 準副詞(行動副詞)로 밧구이어 쓰인다

오『게』　먹『게』
오『도록』　먹『도록』
오『고자』　먹『고자』

스『게』
스『도록』
스『고자』

이에 말미암아 名詞가 變하야 밧구인 動詞도 이와 같이 된다

講論하『게』　講論하『도록』　講論하『고자』

(乙) 動詞가 그 語根에 規則이 한 겹 같지 않게 달른 音을 더 하야 副詞로 밧구이어 쓰인다

있『有』……있이
없『無』……없이
넘『踰』……넘우
겨굴『倒』……겨굴우
돌『回』……돌우
맞『迎』……맞우
물『聚』……물우

이 우에 브인 바 動詞의 밧구임 全部는

알파 같다

動詞의 밧구임 ┌ 名詞 ┬ 기 불침
　　　　　　　│　　├ 이 불침
　　　　　　　│　　└ ㅁ개 불침
　　　　　　　├ 形容詞 { 助吐 「는」「ㄴ」「ㄹ」를 더 하는것
　　　　　　　└ 副詞 ┬ 助吐를 더 하는것
　　　　　　　　　　　└ 함부로 되는것

第三十七節　形容詞의 밧구임

形容詞는 名詞와 代名詞와 動詞와 副詞로 變하야 밧구인다

(一) 形容詞의 名詞로 밧구임이라 하는 것은 語根과 語尾를 가진 形容詞의 語根에 달른 音을 더 하야 形容名詞로 밧구는 것인이 이에「이」불침과「기」불침과「ㅁ」받침과

不規則의 네 가지가 있다

(甲)
기 불침　形容名詞

놉「高」…… 놉기
크「大」…… 크기
좋「好」…… 좋기
넙「廣」…… 넙기
맑「淸」…… 맑기

둘과 같이 形容詞의 語根을 기 불침 불치어 일우는 名詞를 기 불침 形容名詞 이라한다

[풀이]「기」는 그러 하게 일우어 지는 일이라 하는 뜻인이 語根과 語尾를 가진 形容詞의 語根에 불치어 지어 그 우에 있는 形容詞가 未定의 뜻을 품는 形容名詞로 되게 하기에 쓰인다

(乙)

이 불침　形容名詞

길『長』…… 길이
높『高』…… 높이
넓『廣』…… 넓이
값『渙』…… 값이

둘과 같이　形容詞의　語根에 『이』를 더
붙치어 일우는　名詞를 이 불침　形容名詞
이라 한다

[풀이] 『이』는 그러 하게 되는 일이나 度
數이라 하는 뜻인이　語根과　語尾를 가진
形容詞의　語根에 붙치어 지어 그 우에 있
는　形容詞가 그러 한 뜻을 품는　形容名詞
로 되게 하기에 쓰인다 그러 하나　形容詞
마다 다 이러 하게 되지 않이 한다

(丙) ㅁ 받침

크『大』…… 큼
희『白』…… 흼
쓰『辛』…… 씀
차『寒』…… 참
세『强』…… 셈

둘과 같이　形容詞의　語根에 『ㅁ』를 받치어
일우는　名詞를 ㅁ 받침　形容名詞이라 한다

그러 한대 받침 있이 된　形容詞의　語根에
는 『음』을 더 하야 이 것을 일운다

붉『紅』…… 붉음
깊『深』…… 깊음
검『黑』…… 검음
맑『淸』…… 맑음
멀『遠』…… 멀음

[풀이] 『ㅁ』이나 『음』은 그러 하게 되야

집이라 하는 뜻인이 語根과 語尾를 가진

形容詞의 語根에 붙치어 지어 그 우에 있

는 形容詞가 既定의 뜻을 품는 形容名詞로

되게 하기에 쓰인다

(丁)　不規則　形容名詞

묵어우『重』……묵에

치우『寒』……치위

높『高』……운두

더우『暑』……더위

들과 같이 一定한 規則이 없이 밧구이

어되는 名詞를 不規則 形容名詞이라 한다

(二)

形容詞의 代名詞로 밧구임이라 하

는 것은 알과 같이 두 가지가 있다

(甲)

指示形容詞『이』『그』『저』가 그대로 形

容代名詞로 밧구이어 쓰인다

△指示形容詞로 쓰이는 例

『이』살암이 여 긔 있소

『그』친구가 오날 오겠소

『저』아해가 을지 가울이가

△形容代名詞로 쓰이는 例

『이』가 여 긔 있소

『그』가 오날 오겠다

『저』가 을지 가울이가

들과 같이 指示形容詞『이』『그』『저』는 形

容代名詞로 되야 살암을 代身하기에 쓰인다

△指示形容詞로 쓰이는 例

『이』것은 이러 하웁네다

『그』冊은 얌전 하오

『천』붓은 퍽 길다

△形容代名詞로 쓰이는 例

『이』는 이러 하웁네다

『그』는 얌전 하오

『저』는 퍽 길다

들과 같이 指示形容詞 『이』『그』『저』는 形

(乙)
容代名詞로 되야 事物을 代身하기에 쓰인다

數量形容詞가 一定한 規則이 없이 달른音

을 더 하야 數量代名詞로 밧구이어 쓰인다

數量形容詞　　　數量代名詞

열어　　열엇

멸　　　멸

한　　　한아

두　　　두을 （둘）

세　　　셋

(三)
形容詞의 動詞로 밧구임이라 하는

것은 語根과 語尾를 가진 形容詞

의 語根에 달른 音을 더 하야 他

動詞로 밧구는 것이다

○形容詞　　　　○他動詞

밝『明』　　　밝『히』다

낮『低』　　　낮『히』다

알『淺』　　　알『치』다

넓『廣』　　　넓『히』다

높『高』　　　높『히』다

붉『紅』　　　붉『히』다

크『大』　　　크『이』다

의 『히』 『치』 『이』 들은 『하게 하다』의

뜻인이 그 더 하야 지는 方法이 音便을

짤아 한결 같지 않이 하다

(四)
形容詞의 副詞로 밧구임이라 하는

것은 語根과 語尾를 가진 形容詞

의 語根에 助吐이나 달른 音을 더

하야 副詞로 밧구거나 或 그대로 副詞로 쓰이는 것인이 이에다

섯 가지가 잇다

(甲)

形容詞가 그 語根에 助吐를 더 하야 準副詞(形容副詞)로 밧구이어 쓰인다

붉게』 …… 붉도록』

검게』 …… 검노록』

적게』 …… 적도록』

크게』 …… 크도록』

(乙)

形容詞가 그 語根에 助吐『게』의 代身으로 달른 音을 더 하거나 或 달르게 變하야 副詞로 쓰인다

밝게 …… 밝히

얕게 …… 얕이

높게 …… 높이

깊게 …… 깊이

멀게 …… 멀니

빨르게 …… 빨니

좋게 …… 좋이

넓게 …… 넓니

많게 …… 많이

발르게 …… 발우

빌둘게 …… 빌둘우

의 『히』『이』『너』『우』는 助吐『게』의뜻으로 쓰이나 그 더 하야 지는 方法이 한결갓지 않이 하다

(丙)

形容詞가 그 語根에 달른 音『음』이나『웃』을 더 하야 度量의 뜻을 날아 나이는 副詞로 밧구이어 쓰인다

길『長』 …… 길음

얕『低』 …… 얕음

붉「紅」……붉웃

짧「短」……짧웃

좁「狹」……좁웃

의『음』이나『웃』은 大槪 度量의 뜻으로
쓰이나 그 더 하야지는 方法이 한결 같
지 않이 하며 또 形容詞마다 다 이러하
게 되지 않이 한다

（丁）

漢字로 된 形容詞가 그 알에 助吐『히』
틀 더 하야 準副詞로 밧구이어 쓰인다

潔白……潔白히

急……急히

神秘……神秘히

明朗……明朗히

分明……分明히

（戊）

形容詞가 그 語根에 助吐이나 다른 音을

더 하지 않으 하고 그 대로 副詞로쓰인다

저 이가 더듸 온다、

남을 얄 잡지 말아라

이 우에 보인 바 形容詞의 밧구임 全部는 알

과 같다

形容詞의 밧구임

名詞	기 불침
	이 불침
	ㅁ 받침
	不規則

代名詞	形容代名詞
	數量代名詞

動詞	『히』『치』이로 되는것

副詞	助吐들 더 하는 것 『히』하는것
	『이』『니』『우』로 되는것
	『웃』이나 『음』을 더 하는것
	漢字에『히』를 더 하는것
	그대로 되는것

第七章　吐의 用法

吐의 用法이라 하는것은 吐가 달른 詞

의 알에 으어 하게 앙 닿이어 쓰이어

짐을 일른는 것이다 이알에 各種吐에

對하야 그 뜻과 앙 닿임과 쓰임을 말

하겠다

第三十八節　助吐의 用法 (一)

助吐中 가장 흔히 쓰이는 것들의 뜻과

앙 닿임과 쓰임은 大略 알과 갇다

(一) 가

(甲)……몇몇 하게 스스로 쓰는 뜻인이

名詞의 알、　나무ㅣ 난다

代名詞의알、　그 이ㅣ 온다

의 ㅣ와 갇이 받침 없이 된 名詞이나 代

名詞의 알에 앙 닿이어 그 詞를 한

句語의 主格으로 하기에 쓰인다

또 人類代名詞 第一人 『나』와 第二人

『너』와 人類代名詞이나 事物代名詞로 通用

되는 形容代名詞 『저』의 알에 ㅣ를 앙

닿이어 그 詞를 主格으로 되게 하는 境遇에

는 그 詞의 몸에 母音 ㅣ를 더 하야

『나』는 『내』로 너는 『네』로 『저』는

『제』로 하기도 한다

나……내ㅣ

너……네ㅣ

저………제ㅣ

(乙)……일우어 돌아 닿는 뜻인이

名詞의 알、　그 살암이 博士ㅣ 되았다

代名詞의 알、뙤가 變하야 여 긔ㅣ 되

動詞이나 形容詞에는 그 語根에 『으』를 더
하고 받침 없이 된 그 것에는 그 語
根에 그대로 앙 당이어 句語와 句語를 接
續하기에 쓰인다

의 ─와 같이 (甲)과 같은 連接法 으로
왔다

앙 당이어 그 詞들을 準副詞로 하기에 쓰
인다

(丙)……疑訝하야 質定이 없는 뜻인이

名詞의 알 저 것이 冊이ー 나는 疑
心한다

代名詞의 알 저 것이 무엇이ー 네가
아는야

動詞의 알 그 살암이 저 이를 보ー
알수가 없다

形容詞의 알 이 것이 더 크ー 견주어
보아라

의 ─와 같이 名詞이나 代名詞의 알에는
『이』를 더 하야 앙 당이고 받침 있이 된

[풀이] 助吐들은 『가』와 같이 各詞의 알에

『冊이ー』『무엇이ー』『보ー』『크ー』처럼 홀
로 앙 당이어 時間上 現在未定으로 쓰이는
外에

冊인ー　　冊일ー

무엇인ー　　무엇일ー

본ー　　볼ー

큰ー　　클ー

처럼 時間上 形便을 딸아서 過去의 境遇
에는 달른 助吐 『ㄴ』를、未來의 境遇
에는 달른 助吐 『ㄹ』를、現在現行 境遇에는 달른

른 助吐『는』을 그 우에 거듭 하야 응

딩기도 한다

以下 各例中 몰은 吐ᄂᆞ 응 딩임의 時間

上 標準은 助吐『를』이 動詞『하』의 알

에 응 딩일야면 반듯이 달른 助吐『ㄴ』

를 거듭 하야『ㄴ를』로 되는 것처럼 그

우에 반듯이 그 음어 한 助吐를 거듭 하

야 응 딩이어 지는 것 以外에는 몰우 現

在 未定으로 쓴 겻이져 또 助吐『ㄴ』이나

『는』이나『ㄹ』가 名詞의 알에 음어 하게

응 딩이는 것은 各々 그 條에 보아라

우에 보인 바 例中『形容詞의 알』이라 하

는 形容詞는 語根과 語尾를 가진 것들을

갈아 치는 것인이 이 알에 보이는 바 各

例中 形容詞를도 다 이와 같은 것들이다

(丁)……(丙) 과 같은 뜻인이

名詞의 알、册이ー 조히를 주겠다

代名詞의 알、그 것이ー 제 것을 을어

　의 ー와 같이 名詞이나 代名詞의 알에

보아라

『이ー』를 더 하야 응 딩이어 單字와 單字

를 接續하기에 쓰인다

(戊)……(丙)과 같은 뜻인이

名詞의 알、꼿이ー 굴음이ー 나는 저 것

　을 알수 없다

代名詞의 알、저 것이ー 이 것이ー 나는

　아모 것도 몰른다

動詞의 알、가ー 오ー 酌定이 아즉 없다

形容詞의 알、크ー 적으ー 見樣을 딩이어

　보아라

의 ㅣ와 같이 (丙)과 같은 連接法으로 응
당이어 그 詞를을 準副詞로 하기에 쓰인
다

(二) 쨋(쨋)……將次 되야 지거나 일우어
질 뜻인이

名詞의 알, 이 것이 풀이ㅣ다
代名詞의 알, 나의 冊이 이 것이ㅣ다
動詞의 알, 그 이가 오ㅣ다
形容詞의 알, 물이 맑ㅣ다

의 ㅣ과 같이 名詞이나 代名詞의 알에는
「이」를 더 하야 응 당이고 動詞이나 形
容詞에는 그 語根에 그대로 응 당이어 그
려한 意思를 날아 나이기에 쓰인다

풀이　各例中 「받침 있이나 없이 된 名詞
이나 代名詞와 動詞이나 形容詞의 알」이라

고 쓰인 外에 다만 「名詞이나 代名詞와 動
詞이나 形容詞의 알」이라고 쓰인 것들은 말
침 있이된 것에나 없이 된 것에나 다 그
러 하게 응 당입을 뜻하는 것이다。
「쨋」은 語根과 語尾도 같나인다

根尾의 區別		쓰 임
語尾	쨋	가ㅣ다
語根	쨋	가ㅣ다
語尾	쨋어	가ㅣ서

(三) 거나
(甲)……質定 없이 自然한 結果에 놓아 맡기
는 뜻인이
名詞의 알, 열은이ㅣ 아해이ㅣ다 請하
시오
代名詞의 알, 아모 것이ㅣ 꽃 한 송이

만 따아 오나라

動詞의 알ㅅ 하ㅣ 말ㅣ 나는 相關을 띔

形容詞의 알ㅅ 붉ㅣ 놀으ㅣ 丹楓은 般
이 하겠다

의 ㅣ 와 같이 名詞이나 代名詞의 알에는
이다

容詞에는 그 語根에 그 대로 잉 닿이어

『이』을 더 하야 잉 닿이고 動詞이나 形

그 詞들을 準副詞로 하기에 쓰인다

(乙)......

(甲)과 같은 뜻인이

名詞의 알ㅅ 이 것이 冊이ㅣ 저 것이며

代名詞의 알ㅅ 저 곳은 너의 것이ㅣ 그 아대
이ㅣ 울이는 알고자 않이 한다

動詞의 알ㅅ 그 이가 오ㅣ 저 이가 가
의 것이ㅣ 畢境 임자가 있다

形容詞의 알ㅅ 그 말이 긺ㅣ 이 말이 뚧
ㅣ 兩端中에 한 가지가 되겠다

의 ㅣ 와 같이 (甲)과 같은 連接法으로 잉
ㅣ 그 中에 分辨이 있겠

名詞의 알ㅅ 콩이ㅣ 팟ㅣ 물이ㅣ 술
닿이어 句語와 句語를 接續하기에 쓰인다

代名詞의 알ㅅ 여 거이ㅣ 저거ㅣ 저 것
이ㅣ 이것

(丙)......

(甲)과 같은 뜻인이

動詞의 알ㅅ 가ㅣ 온다、 스ㅣ 앉는다

形容詞의 알ㅅ 높ㅣ 알다、 맑ㅣ 흘이다

(甲)과 같은 連接法으로 잉
의 ㅣ 와 같이

닿이어 單字와 單字를 接續하기에 쓰인
다

(四) 거늘 前에 그러 함을 따지어 後

一〇〇

예 달르게 됨을 보이는 뜻인이

名詞의 알, 이 것이 나의 冊이ㅣ 네

가 이 것을 외 가지었는야

代名詞의 알, 學校가 여 거이ㅣ 너는 어

대로 가는야

動詞의 알, 그 이가 禮物을 주ㅣ 너

는 의 밭지 않이 하는야

形容詞와 알, 달이 너ㅣ 너는 燈을 외

가지고 가는야

의 ㅣ과 같이 名詞이나 代名詞의 알에는

『이』를 더 하야 ㅇ 닿이고 動詞이나 形

容詞에는 그 語根에 그대로 ㅇ 닿이어

句語와 句語를 接續하기에 쓰인다

五、거니

(甲)……質定없이 들어서 따지는 뜻인이

名詞의 알, 콩이ㅣ 팟이ㅣ 다루지 말

아라

代名詞의 알, 내 것이ㅣ 네것이ㅣ 같이

지 말아

動詞의 알, 하ㅣ 말ㅣ 나이어 발이

어 두어라

形容詞의 알, 크ㅣ 적ㅣ 알앙곳을 마시오

의 ㅣ와 같이 名詞이나 代名詞의 알에는

『이』를 더 하야 ㅇ 닿이고 動詞이나 形

容詞에는 그 語根에 그대로 ㅇ 닿이어

그 詞들을 準副詞로, 하기에 쓰인다

(乙)……(甲)과 같은 뜻인이

名詞의 알 冊이ㅣ 붓, 옷이ㅣ 세간

代名詞의 알 여 거이ㅣ 저 거, 이 것

이ㅣ 저것

의 ㅣ와 같이 名詞이나 代名詞의 알에

『이』를 더 하야 응당이어 單字와 單字를

接續하기에 쓰인다

(丙)

……그러 한 줄로 녁이는 뜻인이

名詞의 알, 저 것이 꼿이ㅣ 나는 생

각하얐다

代名詞의 알, 偵探이 그 이이ㅣ 나는

짐작하얐다

形容詞의 알, 車時間이 늣ㅣ 나는 念慮

하얐다

의 ㅣ와 같이 (甲)과 같은 連接法으로 응

당이어 句語와 句語를 接續하기에 쓰인다

六、거나와……한 가지 일의 그러 함을

들어 따지고 또 다시 달

르게 되야 잡을 일르고자

하는 뜻이

名詞의 알, 이 것은 冊이ㅣ 저 것은

무엇인야

代名詞의 알, 學校는 여 긔이ㅣ 너의

집은 어대인야

動詞의 알, 얼골은 어엿부ㅣ 品行은

음어 한야

의 ㅣ와 같이 名詞이나 代名詞의 알에는

『이』를 더 하야 응 당이고 動詞이나 形

容詞에는 그 語根에 대로 응 당이어

句語와 句語를 接續하기에 쓰인다

七、거든……되야 질 結果를 밀이 드는

뜻인이

名詞의 알, 그 것이 나의 冊이ㅣ 가

지어 오나라

代名詞의 알, 그 이의 집이 여 긔이ー

쉬여 가자

動詞의 알, 손님이 오ー 門에 나아

가서 맞아라

形容詞의 알, 저녁에 달이 밝ー 놀라

오시오

의 ー과 같이 名詞이나 代名詞의 알에는

「이」를 더 하야 잉 닿이고 動詞이나 形容
詞에는 그 語根에 그대로 잉 닿이어 句

語와 句語를 接續하기에 쓰인다

八、건대…… 까닭을 따지어 돌이키어 묻
는 뜻인이

名詞의 알, 이 것이 누구의 物件이ー

이 것을 여긔 두었는야

代名詞의 알, 老兄이 누구이ー 이 일에

干涉을 하시오

動詞의 알, 너는 날마다 무엇을 하ー

요 사이 불 수가 없는야

形容詞의 알, 그 것이 얼마나 많ー 헤

일 수가 없슴니가

의 ー와 같이 名詞이나 代名詞의 알에는

「이」를 더 하야 잉 닿이고 動詞이나 形
容詞에는 그 語根에 그대로 잉 닿이어
句語와 句語를 接續하기에 쓰인다

九、것…… 心力의 맞치는 限度에까지

일으는 뜻인이

名詞의 알, 나는 너를 爲하야 힘ー

일을 하얐다

너는 每事에 마암ー 精誠

을 다 하야라

일ー한 것이 別樣 成績

이 없다

飮食은 量ー 먹지 말아라

氣ー한 것이 겨우 이

것인야

의 ー과 같이 名詞의 앒에 그 대로 응

댱이어 그 詞들 準副詞로 하기에 쓰인다

一〇、게......貌樣이나 形便을 갈아치는

　　　　뜻인이

動詞의 앒, 그 이가 오ー 되얐다

形容詞의 앒, 꼿이 붉ー 되얐다

의 ー와 같이 動詞이나 形容詞의 語根에

응 댱이어 그 詞들을 準副詞로 하기에

쓰인다

二一、고

(甲)......事實을 들어 따로 따로 따지어 긂는

　　　　뜻인이

名詞의 앒, 이 살암이ー 거 거로 가

겠는야

代名詞의 앒, 누구이ー 그러 한 일

의 ー와 같이 名詞이나 代名詞의 앒에

응 한다

「이」들 더 하야 응 댱이어 그 詞들을 한

句語의 主格으로 하기에 쓰인다

(乙)......(甲)과 같은 뜻인이

名詞 앒, 그 이가 冊이ー 가지겠는

야

代名詞의 앒, 저 살암이 그 것이ー 진

이겠는야

의 ー와 같이 名詞이 代名詞의 앒에

『이』를 더 하야 응 당이어 그 詞들을

한 句語의 客格으로 하기에 쓰인다

(丙) ……(甲)과 같은 뜻인이

名詞의 알、 오날이ㅣ 來日이ㅣ 그 이

代名詞의 알、 가 오겠다

形容詞의 알、크ㅣ 적ㅣ 할 것이 없이

動詞의 알、 가ㅣ 오ㅣ 할 것이 없다

處가 다 豐年이다

의ㅣ와 같이 名詞이나 代名詞의 알에는

뚝 같다

『이』를 더 하야 응 당이고 動詞이나 形

容詞에는 그 語根에 그대로 응 당이어

(丁) ……(甲)과 같은 뜻인이

그 詞들을 準副詞로 하기에 쓰인다

名詞의 알、 이 것은 山이ㅣ 저 것은

물이다

代名詞의 알、 꼿은 저 것이ㅣ 입은 이

것이다

動詞의 알、 비는 개ㅣ 발암은 잔다

形容詞의 알、 달은 밝ㅣ 발암은 서늘

하다

(丙)과 같은 連接法으로 응

당이어 句語와 句語를 接續하기에 쓰인다

(戊) ……(甲)과 같은 뜻인이

名詞의 알、 꼿이 입새、 山이ㅣ 물

代名詞의 알、 이 것이ㅣ 저 것、 저 긔

動詞의 알、 오ㅣ 간다 주ㅣ 받는다

形容詞의 알、 크ㅣ 높다 차ㅣ 랍다

의 ―와 같이 (丙)과 같은 連接法으로 잉 당이어 單字와 單字를 接續하기에 쓰인다

一二、고자……뜻은 行動이나 事爲를 할야고 하는 뜻인이

動詞의 알、 나는 집으로 가― 하오

形容詞의 알、 꽃이 붉― 하다

의 ―와 같이 動詞이나 形容詞의 語根에 그대로 잉 당이어 그 詞들을 準副詞로 하기에 쓰인

一三、과

(甲)……더불어 한게 말미암는 뜻인이

名詞의 알、 너는 先生님― 있거라

代名詞의 알、이 것은 저 것― 달르다

의 ―와 같이 名詞이나 代名詞의 알에 代名詞의 알에 잉 당이어 그 詞들을 準副詞로 하기에 쓰인다

(乙)……거듭 하는 뜻인이

名詞의 알、 山― 물― 달― 바람

代名詞의 알、 이 것― 저것、무엇― 무엇

의 ―와 같이 (甲)과 같은 連接法으로 잉 당이어 單字와 單字를 接續하기에 쓰인다

一四、기

(甲)……까닭을 벼풀어 條件을 보이는 뜻인이

名詞의 알、 그 친구이― 나를 멀니 찾아 오았다

代名詞의 알、 나이― 너를 사랑한다

의 ―와 같이 名詞이나 代名詞의 알에 『이』를 더 하야 잉 당이어 그 詞들을 한 句語의 主格으로 하기에 쓰인다

(乙)……(甲)과 같은 뜻인이

名詞의 알, 오날이ㅣ 내가 오았다

代名詞의 알, 그 것이ㅣ 그 이가 그만

動詞의 알, 그러 하ㅣ 그만 두라고
하고 있다

形容詞의 알, 더웁ㅣ 부채 질을 하다

의 ㅣ와 같이 名詞이나 代名詞의 알에는
「이」를 더 하야 응 당이고 動詞이나 形
容詞에는 그 語根에 그대로 응 당이어
그 詞를을 準副詞로 하기에 쓰인다

(丙)……(甲)과 같은 뜻인이

名詞의 알, 그 아해는 착 한 살암이
ㅣ 내가 賞을 주었소

代名詞의 알, 그 册이 나의 것이ㅣ 내

가 그 것을 가지고 오았소

動詞의 알, 발암이 자ㅣ 배를 나이어
뜨인다

形容詞의 알, 달이 하도 밝ㅣ 너를 찾
아 오았다

의 ㅣ와 같이 (乙)과 같은 連接法 으로
응 당이어 句語와 句語를 接續하기에 쓰
인다

一五、길내……「一四가」와 「六八에」의 (丁)의
合한 말인이 그 連接과 쓰
임이 「一四기」와 같다

名詞의 알, 돈이ㅣ 金庫에 넣어 두었다

代名詞의 알, 너이ㅣ 내가 이 것을 준다

動詞의 알, 비가 오ㅣ 雨傘을 가지어

形容詞의 알、길이 멀ㅣ 말을 타고 간다

오았습니다

一六、까지

(甲)……언의 限度에 일으거나 언의 範圍에

사마치는 뜻인이

名詞의 알、그 살암ㅣ 여 긔 오았다

代名詞의 알、그 이ㅣ 저리로 가았다

의 ㅣ와 같이 名詞이나 代名詞의 알에

웡 등이어 그 詞들을 한 句語의 主格으

로 하기에 쓰인다

(乙)……

(甲)과 같은 뜻인이

名詞의 알、네가 冊ㅣ 사았는야

代名詞의 알、내가 저 것ㅣ 보았다

의 ㅣ와 같이 (甲)과 같은 連接法으로 웡

등이어 그 詞들을 그 句語의 客格으로

하기에 쓰인다

(丙)……(甲)과 같은 뜻인이

名詞의 알、오날ㅣ 나는 學課를 맞치

代名詞의 알、老兄은 어대ㅣ 가시옵니가

었습니다

의 ㅣ와 같이 名詞이나 代名詞의 알에

웡 등이어 그 詞들을 準副詞로 하기에

쓰인다

(丁)……(甲)과 같은 뜻인니

動詞의 알、내가 片紙를 읽어ㅣ 보았다

저이가 굴씨를 쓰어ㅣ 보았다

의 ㅣ와 같이 動詞의 語尾에 웡 등이어

그러 한 意思를 날아 나이기에 쓰인다

一七、께……「六九 에게」의 尊待 되는 말

인이 連接과 쓰임이 그와

같다

名詞의 알、 한으님ㅣ 所願을 빌어라

代名詞의 알、 그ㅣ이ㅣ 절을 하야라

一八、께서、께압서、께오서、께옵서、
「一가」의 甲이나 「七七이」의
(甲)의 尊待 되는 말인이

名詞의 알、 한으님ㅣ 萬物을 創造하시
었다

代名詞의 알、 그ㅣ이ㅣ 이것을 보시었다

의ㅣ와 같ㅣ 名詞이나 代名詞의 알에 응
등이어 쓰인다

一九、끼어……色彩의 적고 얇음을 같아치
는 뜻인이

形容詞의 알、 나무 입이 풀으ㅣ 하다

의ㅣ와 같이 形容詞의 語根에 응 등이
어 그 詞를 準備詞로 하기에 쓰인다

꽃빗ㅣ 눌으ㅣ 하야 진다

[풀이] 「끼어」를 응 등이어 準副詞로 되는
形容詞는 매우 적다

二〇、ㄴ
(甲)……過去 끝 입에 그러 하게 일우어 진
뜻인이

名詞의 알、 살암이ㅣ 責任

代名詞의 알、 저 것이ㅣ 까탉

動詞의 알、 묵으ㅣ 달력

代名詞의 알、 오ㅣ 살암

形容詞의 알、 넓으ㅣ 집
크ㅣ 붓

의ㅣ와 같이 名詞이나 代名詞의 알에는

『이』를 더 하야 응 당이고 받침 있이
된 動詞이나 形容詞에는 그 語根에 『으』
를 더 하고 받침 없이 된 그 것들에는
그 語根에 그 대로 응 당이어 그 詞를
을 冠置形容詞로 하기에 쓰인다

또 『ㄴ』가 ㄹ 받침을 가진 動詞이나 形容
詞의 語根에 응 당이는 境遇에는 그 動
詞이나 形容詞의 ㄹ 받침을 빠이고 그ㄹ
의 代身으로 끔 받치어 쓰인다

질······진
울······운
굴······군
빌······빈

(甲)과 같은 뜻인이

(乙)

名詞의 알, 이 것이 꽃이가 싶다

代名詞의 알, 저 것이 무엇이가 알수
없다

動詞의 알, 그 일이 읎어 하ㅣ가 알
아 보아라
나는 글을 읽으ㅣ가 싶다

形容詞의 알, 이 物件은 좋으ㅣ가 릏어
보아라
저 것이 낮부ㅣ지 알수
있는야

의 ㅣ와 같이 (甲)과 같은 連接法으로 응 당
이어 그러 한 意思를 날아 나이기에 쓰
인다

『ㄴ』가 (甲)과 같이 冠置形容詞를 만
들기에 쓰이거나 (乙)과 같이 時間의 意思를
날아 나이기에 쓰이는 境遇에 名詞이나 代

名詞이나 動詞이나 形容詞의 알에 응 당이어 짐은 一般이다 그러 하나 그 詞를을 冠置形容詞로 하기에 쓰이는 境遇에는 ㅣ의 우에 있는 詞에 더 하야 그 알에 반듯이 있는 名詞이나 代名詞를 形容하야 주고 또 그 時間의 意思를 날아 나이기에 쓰이는 境遇에는 ㅣ의 우에 있는 詞에 더 하야 時間의 意思만 날아 나이고 다시 그 알에 달른 吐와 응 당인다 이 알에 보일 바 『는』이나 『ㄹ』와 같은 吐들도 다 이와 같기 두 걸로 쓰인이 곰 다시 말하면 ㅣ는 冠置形容詞(第三十一節 形容詞의 變化 第二項)로 하야 그 알에 반듯이 있는 名詞이나 代名詞가 있으면 그 ㅣ는 冠置形容詞를 만들기에 쓰이는 것이오 萬一 ㅣ의 알에 달른 吐가 있으면 그 ㅣ는 意思를 날아 나이기에 쓰이는 것인줄로 알아야 하겠다

二、나

(甲)...... 같이어 딸아 갈피를 따지는 뜻인이

名詞의 알, 그 살암이 오겠는야

代名詞의 알, 저 이이ㅣ 가겠다

의 ㅣ와 같이 名詞이나 代名詞의 알에 『이』를 더 하야 응 당이어 그 詞를을 한 句語의 主格으로 하기에 쓰인다

(乙)......(甲)과 같은 뜻인이

名詞의 알、 나는 冊이ㅣ 가지겠다

代名詞의 알、 너는 路需이ㅣ 準備하았는

의 ㅣ와 같이 (甲)과 같은 連接法으로 응 당이어 그 詞들을 한 句語의 客格으로 하

기에 쓰인다

(丙)……(甲)과 같은 뜻인이

名詞의 알, 來日이ㅣ 그 이가 오겠다

고 하오

代名詞의 알, 울이 어대이ㅣ 같야는야

動詞의 알, 오ㅣ 가ㅣ 滋味는 맛치 한

가지이오

먹으ㅣ 않이 먹으ㅣ 배불

른 것이 무엇인야

形容詞의 알, 크ㅣ 적으ㅣ 값은 같다

깊으ㅣ 얕으ㅣ 不足하기는

一般이다

의ㅣ와 같이 名詞이나 代名詞의 알에는

『이』를 더 하야 응 등이고 받침 있이 된

動詞이나 形容詞에는 그 語根에 『으』를 더

하고 또 받침 없이 된 그 것들에는 그

語根에 그 대로 응 등이어 그 詞들을 準

副詞로 하기에 응 등이어 쓰인다

(丁)……(甲)과 같은 뜻인이

動詞의 알, 글씨를 쓰어ㅣ 보시오

일을 하야ㅣ 보시오

의ㅣ와 같이 動詞의 語尾에 응 등이어

그러 한 意思만 날아 나이가에 쓰인다

(戊)……(甲)과 같은 뜻인이

名詞의 알, 그는 좋은 일이ㅣ 저 것

은 음지 할이가

代名詞의 알, 울이 집은 여 긔이ㅣ 너

의 집은 어대인야

動詞의 알, 오날은 學科를 하ㅣ 來日

은 實習을 하겠다

飲食은 좀 먹으ー 맛을 몰

한 것인이 七七 『이』 條 둘

재 [풀이]에 보아라

形容詞의 알ー 꼿 빗은 붉으ー 香氣는 없
다

一二三、나마

의 ー와 같이 키는 크ー 所見이 없다

(甲)......오히려 또한 그러 함을 따지는 뜻인
이

당이어 句語와 句語를 接續하기에 쓰인다

名詞의 알、 그 살암이ー 오겠는야

의 ー와 같이 (丙)과 같은 連接法으로 응

代名詞의 알、 그 이이ー 오겠는야

(己)......(甲)과 같은 뜻인이

의 ー와 같이 名詞이나 代名詞의 알에

名詞의 알, 來日이ー 오날、 돈이ー 物

『이』를 더 하야 응 당이어 그 詞를 한

代名詞의 알, 여 거이ー 저 거, 이것
件

句語의 主格으로 하기에 쓰인다

의 ー와 같이 (甲)과 같은 連接法으로
이ー 저 것

(乙)......(甲)과 같은 뜻인이

당이어 單字와 單字를 接續하기에 쓰인다

名詞의 알、 나는 冊이ー 가지겠는야

二、、나니...『二六은』 과 『七七이』 의 合

代名詞의 알、 너는 저 거이ー 사아라

의 ー와 같이 (甲)과 같은 連接法으로 응

등이어 그 詞를 한 句語의 客格으로 하

가에 쓰인다

（丙）……（甲）과 같은 뜻인이

名詞의 알、　來日이ー 그 이가 오겠는야

代名詞의 알、　을이 저거이ー 가아 볼가

動詞의 알、

하ー 좀 잘 하았는야

먹으ー 퍽 많이 먹었다

形容詞의 알、　크ー 그대로 쓰어 보자

적으ー 이 것을 받으시오

의 ー와 같이 名詞와 代名詞의 알에는

『이』를 더 하고 받침 있이 된 動詞이나

形容詞에는 그 語根에 『이』를 더 하고

받침 없이 된 그것들에는 그 語根에 그

대로 응 등이어 그 詞를 準副詞로 하

기에 쓰인다

（丁）……（甲）과 같은 뜻인이

名詞의 알、　그 이는 富者이ー 儉素한

生活을 한다

代名詞의 알、　이 것은 낫분 것이ー 아

즉 받아 주시오

動詞의 알、　오날은 그 이가 貧寒하

ー 後日에는 크게 되겠소

글을 읽으ー 그 뜻을 알

수 없소

形容詞의 알、　地位는 낫부ー 뜻은 크다

物品은 적으ー 情으로 받

으시오

의 ー와 같이 （丙）과 같은 連接法으로 응

등이어 句語와 句語를 接續하기에 쓰인다

二四、 노니……三 『나니』와 같다

등이어　句語와　句語를　接續하가에　쓰인다

二五、　느라고

(甲)……무엇을　일우가에　대충을　올오지　하는　뜻인이

動詞의　알、　하ㅣ　하는　것이　이러　하게　늦었다

ㅣ나는　불　일을　몰　보았다

(乙)……

(甲)과　같은　뜻인이

그　詞를을　準副詞로　하가에　쓰인다

의ㅣ와　같이　動詞의　語根에　응　등이이

動詞의　알、　내가　서울　가ㅣ　여　거까

지　오았소

내가　글을　읽ㅣ　그　것을

몰　보았다

의ㅣ와　같이　(甲)과　같은　連接法으로　응

二六、　는

(甲)……서로　달르게　말미암는　뜻인이

名詞의　알、　비ㅣ　개고　더위ㅣ　간다

代名詞의　알、　여　기ㅣ　敎室이오　저　긔

講堂이다

의ㅣ과　같이　받침　없이　된　名詞이나

代名詞의　알에　응　등이어　그　詞들을　한

句語의　主格으로　하가에　쓰인다

(乙)……

(甲)과　같은　뜻인이

名詞의　알、　내가　배ㅣ　라아　보았다

네가　누구ㅣ　맞　나아　보

았는야

의ㅣ과　같이　(甲)과　같은　連接法으로　응

등이어　그　詞들을　한　句語의　客格으로

하기에 쓰인다

(丙)……(甲)과 같은 뜻인이

名詞의 알、어제ㅣ 日氣가 맑았다

代名詞의 알、여긔ㅣ 누가 있는야

의 ㅣ과 같이 甲과 같은 連接法으로 응

당이어 그 詞들을 準副詞로 하기에 쓰인다

(丁)……(甲)과 같은 뜻인이

動詞의 알、내가 글씨를 쓰어ㅣ 보았다

形容詞의 알、빗이 검어ㅣ 않이 되겠다

의 ㅣ과 같이 動詞이나 形容詞의 語尾에

응 당이어 그러한 意思를 날아 나이기에

쓰인다

(戊)……現在에 움작이거나 일우어 지어 있는

뜻인이

動詞의 알、보ㅣ 글

돌ㅣ 달

의 ㅣ과 같이 動詞의 語根에 응 당이

어 그 詞를 冠置形容詞로 하기에 쓰인다

(己)……(戊)와 같은 뜻인이

動詞의 알、그ㅣ 이가 오ㅣ가 보아라

달이 돌ㅣ가 보아라

의 ㅣ과 같이 動詞의 語根에 응 당이어

그러한 意思를 날아 나이기에 쓰인다

[풀이] 『는』이 (戊)의 境遇처럼 冠置形容詞를

만들기에 쓰임과 또 『ㄹ』의 境遇처럼 冠置形容詞를

날아 나이기에 쓰이는 區別은 『二〇ㄴ』의

쓰임과 같은이 그 仔細한 것은 그 條의

풀이에 보아라

二七、다、다가

(甲)……임에 비롯 된 움작임을 中止하고 또

다시 달르게 움작이는 뜻인이

名詞의 알、

오면 政丞이 된다

나아 가면 將師이ー 들어

代名詞의 알、昨年에는 나의 집이 저

거이ー 今年에는 이리로

뜨어 나아 오았다

動詞의 알、

열엇이 求景을 하ー 나는

먼저 돌아 오았다

形容詞의 알、아침에는 日氣가 맑ー 저

녁에는 비가 오았다

의 ー와 같이 名詞이나 代名詞의 알에는

『이』를 더 하고 動詞이나 形容詞에는 그

語根에 그대로 엉당이어 句語와 句語를

接續하기에 쓰인다

(乙)……(甲)과 같은 뜻인이

動詞의 알、오ー 가ー 그 이들 맞

나겠지

形容詞의 알、日氣가 맑ー 홀이ー 하오

의 ー와 같이 動詞이나、形容詞의 語根에

엉 등이어 그 詞들을 準副詞로 하기에

쓰인다

(丙)……맞우 더 하는 뜻인여 이는 혼이 달

른 助吐 『에』를 거듭 하야 『에다』이나

『에다가』로 되야 名詞이나 代名詞의 알에

엉 등이어 그 詞들을 準副詞로 하기에

쓰인다

名詞의 알、밭ー 花草를 심는다

代名詞의 알、여 긔ー 그 것을 두어라

二八、다케、다라케……일우어 지거나 사

맞치는 貌樣이나 形便을 갈아

치는 뜻인이 「다케」는 「다
하게」의、「다라케」는 「다라
하게」의 合한 말이다

形容詞의 알、길ᅵ 雜談을 하지 말아라

　　이 것을 줍ᅵ 하야라

저 山이 멀ᅵ 보인다

의 ᅵ와 같이 形容詞의 語根에 응 당
어 그 詞를 準副詞로 하기에 쓰인다

二九、대……　까닭이나 次例이나 제음을

　　벼풀어 드는 뜻인이

名詞의 알　저 살암이 學生인ᅵ 智識

　　이 先生보다 낭다

　　절이 저 곳일ᅵ 景致도 죻
　　겠지

代名詞의 알、나의 집이 여 거인ᅵ 외
겠지

動詞의 알、

　　한 번도 않이 오시오

亭子가 저 거일ᅵ 設備도

　　잘 하얏겠지오

내가 저러 가는ᅵ 그 이
는 이러 오드라

네가 저러 한 일을 할
ᅵ 뭇은 일을 몰 하겠는
야 理致는 그러 한ᅵ 實
行은 얻여웁다

形容詞의 알、山이 높을ᅵ 길도 險하겠지

　　말은 옳을ᅵ 듯지는 않이

　　하는군아

의 ᅵ와 같이 名詞이나 代名詞와 動詞이
나 形容詞에 달른 助吐 「ᅵ」이나 「는」이
나 「ᄅ」를 더 하야 응 응이어 句語와

句語를 接續하기에 쓰인다

『풀이』 助吐 『ㄴ』와 『ㄹ』는 名詞와 代名詞

와 動詞와 形容詞의 알에 거듭 하야 지고

『는』은 動詞의 알에만 거듭 하야 진이 그

仔細한 것을 各々 그 條에 보아라

三〇、대로

(甲)……貌樣이나 次例이나 形便에 맞이어 지

는 뜻인이

名詞의 알、 저 冊ㅣ 이 것을 만들으

시오

代名詞의 알、이ㅣ 하야 보옵시다

動詞의 알、한ㅣ 하얏습니다

하는ㅣ 하지오

할ㅣ 하시오

形容詞의 알、나무가 클ㅣ 크겠지오

적은ㅣ 그 것을 그냥 두

시오

의 ㅣ와 같이 名詞이나 代名詞의 알에는

그대로 앙 등이고 動詞이나 形容詞에는

달튼 助吐 『ㄴ』이나 『ㄹ』이나 『는』을 더

하야 앙 당이어 그 詞를 準副詞로 하

기에 쓰인다

(乙)……(甲)과 같은 뜻인이

動詞의 알、내가 한ㅣ 자네도 하야

보게

비가 올ㅣ 비는 많이 오

겠다

그 이가 오는ㅣ 이 것을

주시오

形容詞의 알、그 글웃이 큰ㅣ 울이 그

냥 飲食을 담아 보옵시다

꼿 빗이 붉을ㅣ 꼿이 퍽 붉었다

의 ㅣ와 같이 動詞이나 形容詞에 달른 助吐『ㄴ』이나『ㄹ』이나『는』을 더 하야 잉 당이어 句語와 句語를 接續하기에 쓰인다

三一、덜어……『九六 에게』의 俗된 말 인이

名詞의 알、그 살암ㅣ이 말을 하야라

代名詞의 알、누구ㅣ 이 것을 같이 하자 할가

의 ㅣ와 같이 名詞이나 代名詞의 알에 잉 당이어 그 詞들을 準副詞로 하기에 쓰인다。

三二、도

(甲)……달른 것을 딿아 같게 말미암거나 또 그와 같이 일우어 지는 뜻인이

名詞의 알、그 것ㅣ 온다

代名詞의 알、그 것ㅣ 좋다

이 ㅣ와 같이 名詞이나 代名詞의 알에 잉 당이어 그 詞들을 한 句語의 主格으로 하기에 쓰인다

(乙)……(甲)과 같은 뜻인이

名詞의 알、그 아해가 꼿ㅣ 딴다

代名詞의 알、저 살암이 그 것ㅣ 가지었다

의 ㅣ와 같이 (甲)과 같은 連接法으로 잉 당이어 그 詞들을 한 句語의 客格으로 하기에 쓰인다

〔丙〕……

(甲)과 같은 뜻인이

名詞의 알,

夜市는 오날ㅣ 열닌다

代名詞의 알, 곳이 저 긔ㅣ 피엿다

動詞의 알, 그 이가 오ㅣ 않이 한다

形容詞의 알, 저 것이 적ㅣ 않이 하다

의ㅣ와 같이 名詞이나 代名詞와 또 動詞이나 形容詞의 語尾에 응 당이어 그 詞들을 準副詞로 하기에 쓰인다

〔丁〕……

(甲)과 같은 뜻인이

動詞의 알, 내가 글씨를 쓰어ㅣ 보았다

그 이가 일을 보아ㅣ 주었다

의ㅣ와 같이 動詞의 語尾에 응 당이어 쓰인다

(戊)……

反對되는 條件을 보이는 뜻인이

그러한 意思를 날아 나이기에 쓰인이

名詞의 알, 저 것은 돌이라ㅣ 값이

金보다 더하다

代名詞의 알, 이 物件은 웃은 것이라ㅣ

뙴뙴이는 理想的으로 되았다

動詞의 알, 내가 저 것을 암만 보아ㅣ 그 理致를 알수 없다

形容詞의 알, 저 곳은 어엿부어ㅣ 香氣는 없다

의ㅣ와 같이 名詞이나 代名詞의 알에는 혼히 『이라』 「或이어」를 더하야 응 당이고 動詞이나 形容詞에는 그 語尾에 응 당이어 句語와 句語를 接續하기에 쓰인다

三二, 도록

(甲)……음어 한 貌樣에나 限度에 사맞치는 뜻인이

動詞의 알, 되ㅣ 일을 周旋하야 주시오

形容詞의 알, 좋ㅣ 處置를 하시오

의 ㅣ과 같이 動詞이나 形容詞의 語尾에

웅 등이어 그 詞를을 準副詞로 하기에 쓰

인다

(乙)……(甲)과 같은 뜻인이

動詞의 알, 날이 새ㅣ 그 學生이 工
夫를 하얏다

形容詞의 알, 불 빗이 밝ㅣ 心脂를 도

의 ㅣ과 같이 (甲)과 같은 連接法으로 웅

짱이어 句語와 句語를 接續하기에 쓰인다

三四、되……말의 꼿을 마믈르는 中오
히려 한 낫 달른 點을 더
벼풀고자 하는 뜻인이

名詞의 알, 이 것은 名書이ㅣ 落款이
없어서 않이 되얏다

代名詞의 알, 學校는 저 거이ㅣ 길이
멀어서 않이 되얏소

動詞의 알, 그 아해가 글은 맣이 읽ㅣ
외오지는 몯 한다

形容詞의 알, 저 山은 매오 높ㅣ 길은
퍽 平坦하다

의 ㅣ과 같이 名詞이나 代名詞의 알에는

『이』를 더 하야 웅 등이고 動詞이나 形

容詞에는 그 語根에 그대로 웅 등이어

句語와 句語를 接續하기에 쓰인다

또 『되』가 名詞이나 代名詞의 알에 『이』

를 더 하야 웅 등이어 지는 外에

저 것이 꼿이ㅣ……저 것이 꼿이로ㅣ

冊은 저 것이ㅣ……冊은 저 것이로

외ㅣ와 같이 『이로』를 더 하야 ㅇ 등

이어 지기도 한다

三五、 드……

드 임에 지 나아 간 일을 다

시 들 추는 뜻인이

名詞의 알、 그 이가 그 때 軍人이ㅣ라

代名詞의 알、 그 살암의 집이 여 긔이
ㅣ면

動詞의 알、 그 이는 검은고를 타고
있ㅣ라

形容詞의 알、 꼿 빗이 퍽 붉ㅣ면

의ㅣ와 같이 名詞이나 代名詞의 알에는
『이』를 더 하야 ㅇ 당이고 動詞이나 形
容詞에는 그 語根에 그대로 ㅇ 당이어

그러 한 意思를 날나 나이가에 쓰인다

三六、 들

(甲)……비록 그러 하나 오히려 그러 하지

않이 함을 날아 나이는 뜻인이

名詞의 알、 그 살암인ㅣ 오는야

代名詞의 알、 나인ㅣ 가겠는야

의ㅣ와 같이 名詞이나 代名詞의 알에

달른 助吐『ㄴ』를 더 하야 ㅇ 당이어 그

詞를 한 句語의 主格으로 하가에 쓰인

다

(乙)……(甲)과 같은 뜻인이

名詞의 알、 그 이가 詩人ㅣ 몰 쟁겠
는야

代名詞의 알、 내가 그 이인ㅣ 몰르겠는
야

의ㅣ와 같이 (甲)과 같은 連接法으로 ㅇ

의ㅣ과 같이

당이어 그 詞들을 한 句語의 客格으로

하기에 쓰인다

(丙)……(甲)과 같은 뜻인이

名詞의 알, 오날인ㅣ 그 이가 올는지
알수가 없다

代名詞의 알, 거 거인ㅣ 비가 오 왔겟는야

動詞의 알, 본ㅣ 알수가 잇겟는야

形容詞의 알, 적은ㅣ 分數가 잇지
먹은ㅣ 배가 어대 불른야
큰ㅣ 그것이 간대로 크겟
는야

의 ㅣ과 같이 名詞이나 代名詞와 動詞이

나 形容詞에 달른 助吐「ㄴ」를 더 하야

용 당이어 그 詞들을 準副詞로 하기에

쓰인다

(丁)……(甲)과 같은 뜻인이

名詞의 알, 그 이가 文章인ㅣ 醫學이
아 알겟는야

代名詞의 알, 裁判官이 그 이인ㅣ 法律
이아 읍지 할야

動詞의 알, 불수가 잇을야
네가 來日 온ㅣ 그 이를
네가 굴을 읽은ㅣ 뜻이아
알겟는야

形容詞의 알, 집이 큰ㅣ 大闕보다 더 넓
을야
물이 맑은ㅣ 거울보다 더
하겟는야

의 ㅣ과 같이 (丙)과 같은 連接法으로 응

당이어 句語와 句語를 接續하기에 쓰인다

三七、 듯…… 짐짓 그러 한 貌樣이나 形便으로 밀어 헤아리는 뜻인

이

名詞의 알、 저 것이 꼿인― 하오
저 것이 꼿일― 하오

代名詞의 알、 너의 冊이 이것인― 하다
너의 冊이 이 것일―하다

動詞의 알、 살암이 온― 하다
살암이 오는― 하다

形容詞의 알、 달이 밝은― 하오
달이 밝을― 하오

외―과 같이 名詞이나 代名詞와 動詞이나 形容詞에 달른 助吐 「ㄴ」이나 「는」이나 「ㄹ」를 더 하야 웋 닿이어 그 詞들

을 準副詞로 하기에 쓰인다

三八、 듯, 듯기, 듯이

(甲)…… 달른 것처럼 되거나 일우어 지는 것

을 같아 치는 뜻인

動詞의 알、 말하― 일을 하야라
자― 가만히 있거라
먹― 일을 하야라

의―과 같이 動詞의 語根에 잉 닿이어 그 詞를 準副詞로 하기에 쓰인다

(乙)……(甲)과 같은 뜻인이

名詞의 알、 너의 아버지가 忠臣이― 너는 나라를 爲하아 힘을 다 하야라

代名詞의 알、 자기 집이 거거이― 룽지 도 않고 둘어 가드라

動詞의 알, 저 아해가 글을 읽ㅡ 너
　　도 그러 하게 읽어라

形容詞의 알, 水晶 빗이 맑ㅡ 마음을
맑게 가지어라

白頭山이 높ㅡ 그 山은
그러 하게 높지 않다

의 ㅡ과 같이 名詞이나 代名詞의 알에는
『이』를 더 하야 웅 둥이고 動詞이나 形
容詞에는 그 語根에 그대로 웅 둥이어 句
語와 句語를 接續하기에 쓰인다

三九, 己……『二 젔』과 같은 뜻인이

名詞의 알, 國民이ㅡ 義務
代名詞의 알, 그 것이ㅡ 까닭
動詞의 알, 보ㅡ 일
　　　　　먹으ㅡ 일

形容詞의 알, 크ㅡ 키
적으ㅡ 살암

의 ㅡ와 같이 名詞이나 代名詞의 알에는
『이』를 더 하야 웅 둥이고 받침 있이
된 動詞이나 形容詞에는 그 語根에 『으
를 더 하고 받침 없이 된 그 것에는
그 語根에 그대로 웅 둥이어 그 詞들을
冠置形容詞로 하기에 쓰인다

(甲)……과 같은 뜻인이

名詞의 알, 저 거 겁게 보이는 것은
살암이ㅡ가 나는 생각한다

(乙)……

代名詞의 알, 저 것이 무엇이ㅡ가 가아
서 보아라

動詞의 알, 그 이가 그 일을. 能히
하ㅡ가 살피어 보시오

그 이가 이 것을 받으ー

가 나는 念慮하오

는 알수 없소

오날도 달이 밝으ー가 네

가 알겠는야

의 ー와 같이 甲)과 같은 連接法으로 응

둥이어 그리 한 意思을 날아 나이기에

쓰인다

形容詞의 알、그 빗이 넘우 희ー지 나

【풀이】「를」가 甲)의 境遇처럼 冠置形容詞를

만들기에 쓰임과 또 (乙)의 境遇처럼 意思만

날아 나이기에 쓰이는 區別은 「二〇ㄴ」의

쓰임과 같은이 그 仔細한 것은 그 條의

풀이에 보아라

四〇、라‥‥움작임의 대중 되는 뜻인이

動詞의 알、내가 너를 보ー 來日 또

오겠다

그 살암이 놀ー 절로 간

다

그 아해는 글을 읽으ー 學

堂으로 가 왔다

의 ー와 같이 받침(ㄹ받침은 말고) 있이

된 動詞의 알에는 그 語根에 「으」를 더

하고 또 ㄹ 받침으로 된 것이나 받침 없

이 된 그 것들에는 그대로 응 둥이어 그

詞들을 準副詞로 하가에 쓰인다

四一、락‥‥이리 쿵 저리 쿵 하거나 그

만 저만 되는 貌樣의 뜻인이

動詞의 알 저 老人이 그늘 밑에서 오

ㅣ 가ㅣ 한다

너는 일 없이 외 둘ㅣ 나

ㅣ 하는야

形容詞의 알、 그 것이 見樣보다 크ㅣ 말

ㅣ 하다

의 ㅣ과 같이 받침(ㄹ받침은 말고) 있이

된 動詞이나 形容詞의 알에는 그 語根에

『으』를 더 하고 또 ㄹ받침으로 된 것이

나 받침 없이 된 그 것들에는 그대로 응

당이어 그 詞들을 準副詞로 하기에 쓰인

다

四二、로

(甲)……依支하야 말미암는 뜻인이

名詞의 알、 고기ㅣ 국을 끎이어라

代名詞의 알 누구ㅣ 이 것을 하게 할

가

이 것은 무엇으ㅣ 만들짔

는야

발ㅣ 공을 찬다

의 ㅣ와 같이 받침(ㄹ받침은 말고) 있이

된 動詞이나 代名詞의 알에는 『으』를 더

하야 응 당이고 또 ㄹ받침으로 된 것이

나 받침 없이 된 그 것 들에는 그대로 응

당이어 그 詞들을 準副詞로 하기에 쓰인

다

(乙)……處所를 맞우 하야 向하는 뜻인이

名詞의 알 저 學生이 平壤으ㅣ 간다

나는 시골ㅣ 않이 간다

代名詞의 알、老兄은 어대ㅣ 가시오

나는 저리ㅣ 가옵니다

오날은 날이 맑음으ㅣ 내
가 運動을 하야 보겠다

의 「ㅣ」와 같이 (甲)과 같은 連接法으로 당이어 그 詞들을 準副詞로 하기에 쓰인
다

(丙)……「二四 기」와 같은 뜻인이

名詞의 알、 그 이가 나의 親舊임으ㅣ
그 일을 附託하얐다

代名詞의 알、志士는 그 이임으ㅣ 世上
인다

動詞의 알、 形便을 물어 보았다
그 살암이 그리 함으ㅣ나
도 그리 하얐다
그 이가 賞品을 좋음으ㅣ 내
가 그 것을 받았다

形容詞의 알、빗이 덜 함으ㅣ 漆을 더
하였소

의 「ㅣ」와 같이 名詞이나 代名詞와 動詞이
나 形容詞에 音便을 말미암아 「ㅁ」를 더
하여 그 알에 「ㅁ」받침 「으」는 「으ㅣ」로 되야
고 다시 그 알에
엉 등이어 句語와 句語를 接續하기에 쓰
인다

四三、를……他動詞의 動作을 입는 目的됨

을 날아 나이는 뜻인이

名詞의 알、 나는 배ㅣ 사 왔다

代名詞의 알、너는 누구ㅣ 보았는야

의 「ㅣ」과 같이 받침 없이 된 名詞이나 代
名詞의 알에 엉 등이어 그 詞들을 한 句

語의　客格으로　하기에　쓰인다

四四、마다……各各　된　部分이　다　같은　貌
樣이나　形便으로　말미암거　일
우어　지는　뜻이니

名詞의　알,
　　살암ㅣ　銃을　가지었다
　　아해ㅣ　帽子를　쓰었군아
代名詞의　알、뜻　있는　이ㅣ　寄附金을　나
이었다
　　저　곳에　있는　것ㅣ　다　좋
다
의　ㅣ와　같이　名詞이나　代名詞의　알에　잉
등이어　그　詞들을　한　句語의　主格으로　하
기에　쓰인다

(乙)……(甲)과　같은　뜻인이

名詞의　알、너는　冊ㅣ　가지는야
　　그　이는　일ㅣ　잘한다
代名詞의　알、저　곳에　있는　이ㅣ　불르
어　오나라
　　그　곳에　있는　것ㅣ　가지
어　오나라
의　ㅣ와　같이　(甲)과　같은　連接法으로　잉
등이어　그　詞들을　한　句語의　客格으로　하
기에　쓰인다

(丙)……(甲)과　같은　뜻인이

名詞의　알、날ㅣ　그　親舊가　울이　집
에　온다
　　곳　곳ㅣ　그　이의　名譽가
높다
代名詞의　알、살암이　저ㅣ　이러　한　일

一三〇

을 다 하겠는야

그 아해가 좋은 것ㅣ 꽃
을 다 따왔군아

의 ㅣ와 같이 (甲)과 같은 連接法으로 잉
당이어 그 詞들을 準副詞로 하기에 쓰인
다

四五、만

(甲)……홀로 말미암거나 다만 한 낫 되거나
또 或 語勢를 굳 세게 함을 날아 나
이는 뜻인이

名詞의 알、 그 살암ㅣ 工夫를 한다
代名詞의 알、 너ㅣ 가아서 보아라
의 ㅣ과 같이 名詞이나 代名詞의 알에 잉
당이어 그 詞들을 한 句語의 主格으로 하
다

(乙)……(甲)과 같은 뜻인이
기에 쓰인다

名詞의 알、 너는 그 살암ㅣ 아는야
代名詞의 알、 너는 무엇ㅣ 즐기는야
의 ㅣ과 같이 (甲)과 같은 連接法으로 잉
당이어 그 詞들을 한 句語의 客格으로 하
기에 쓰인다

(丙)……(甲)과 같은 뜻인이
名詞의 알、 그 이가 오날ㅣ 講演을
한다
代名詞의 알、 너는 외 서울ㅣ 가는야
이 冊을 누구ㅣ 줄가
저 살암이 여 긔ㅣ 온다
의 ㅣ과 같이 (甲)과 같은 連接法으로 잉
당이어 그 詞들을 準副詞로 하기에 쓰인
다

(丁)……(甲)과 같은 뜻인이
動詞의 알、 네가 그 것을 먹어ㅣ 보

아라

老兄이 그 일을 하야ー보

시오

그러한 意思를 날아 나이기에 쓰인다

의 ー과 같이 動詞의 語尾에 엉 덩이어

(戊)⋯⋯대즁이나 能力을 보이는 뜻인이

名詞를 알、形式이 實質ー몯 하다

銀이 金ー몯 하다

代名詞의 알、이 것이 저 것ー하겠는

야

저 이의 才質이 이이ー

몯하다

動詞의 알、

할ー한 말삼은 말삼 하

시오

될ー한 일은 하야 보시

이었다

오

形容詞의 알、클ー한 것은 그 냥 두

시오

눌을ー하거든 밤을 따아

주시오

의 ー과 같이 名詞이나 代名詞의 알에는

그대로 엉 덩이고 動詞이나 形容詞에는 달

른 助吐『ㄹ』를 더 하야 엉 덩이어 그

詞들을 準副詞로 하기에 쓰인다

(己)⋯⋯數爻이나 限度의 次例를 날아 나이는

뜻인이

名詞의 알、一年ー에 그 親舊가 오는

군아

장마가 석달ー에 겨우 개

이었다

代名詞의 알, 울이 얼마ㅣ애 맞 나는야

다

열엇ㅣ에 한아가 겨우 되
얏다

의ㅣ과 같이 혼히 그 알에 달른 助吐

『에』를 거듭 하야 名詞이나 代名詞의 알
에 웅 닭이어 그러한 意思를 낣아나이기
에 쓰인다

(庚)......『六 거너와』나 『二ㅣ 나』와 같은 뜻
인이

그 일은 잘 되얏음니다ㅣ 저 일은 을
지 할가요

저 것은 上品이지ㅣ 이 것은 中品인듯
하다

의ㅣ과 같이 한 句語의 終止吐의 알에
더 하야 句語와 句語를 接續하기에 쓰인

四六、 만치 만큼

(甲)......分數이나 限度를 갈아 치는 뜻인이

名詞의 알、 저 살암ㅣ 너는 일을 하
야 보아라

저 아해가 짐을 山ㅣ지
고 온다

代名詞의 알、 그 이가 어대ㅣ 가 왓는야
내가 그 이ㅣ 일을 하겠
는야

動詞의 알、 한ㅣ 일을 더 하시오
할ㅣ 말삼을 하시오

아는ㅣ 理致를 다 갈아 치
어 주어라

形容詞의 알 키는 클ㅣ 크어야 한다

물이 맑을ㅣ 맑았다

의 ㅣ와 같이 名詞이나 代名詞의 알에는 그대로 응 당이고 動詞이나 形容詞에는 달른 助吐「ㄴ」이나「ㄴ」이나「ㄹ」를 더 하야 응 당이어 그 詞를 準副詞로 하기에 쓰인다

(乙)……
(甲)과 같은 뜻인이

名詞의 알、 그 이가 名士인ㅣ 學識이 瞻富하다

저 이가 醫員일ㅣ 醫術이 有名하다

代名詞의 알、 學校가 저 긔인ㅣ 그 집 이 갓가웁게 보이드라

敎堂이 저 긔일ㅣ 큰 집 이 멀니 보이드라

動詞의 알

네가 한ㅣ 나도 하겠다

울이가 저 것을 만들을ㅣ 材料를 사아 오시오

그 이가 오는ㅣ 너도 나 아 가아서 보아라

形容詞의 알、 밥이 더운ㅣ 국은 덜 읍다

房이 더울ㅣ 불을 많이 따 이시오

의 ㅣ와 같이 名詞이나 代名詞와 動詞이나 形容詞에 달른 吐助「ㄴ」이나「ㄴ」이나「ㄹ」를 더 하야 응 등이어 句語와 句語를 接續하기에 쓰인다

그러 하나 「名士인이」「醫員일이」「저 긔인이」「저 긔일이」「한이」「할이」「하

는이」『더운이」『더울이」 의「이」와 갈이 「ㅣ」의 우에 「이」를 거듭 하야 응 당이기도 한이 이 「이」 는 代名詞 「것」과 같은 뜻이다

四七、 망정

(甲)……은어 한 境遇에나 形便에 있으면서도 오히려 그와 달르게 말미암는 뜻인이

名詞의 알, 그 살암일ㅣ 않이 오겠는야

代名詞의 알, 그 것일ㅣ 거기 있겠는야

의ㅣ과 같이 名詞이나 代名詞의 알에 달물 助吐「ㄹ」를 더 하야 응 당이어 그 詞들을 한 句語의 主格으로 하기에 쓰인다

(乙)………(甲)과 같은 뜻인이

名詞의 알、 그 이가 그 살암일ㅣ 보

代名詞의 알、 저 이가 그 것일ㅣ 가지 왔을가

의ㅣ과 같이 (甲)과 같은 連接法으로 응 었으가

당이어 그 詞들을 한 句語의 客格으로 하기에 쓰인다

(丙)………(甲)과 같은 뜻인이

名詞의 알、 오날일ㅣ 그 이가 오는지 알수가 없다

代名詞의 알、 저 것일ㅣ 울이 한아사 옵시다

勸詞의 알、 죽을ㅣ 나는 그러 한 일은 않이 한다

없을ㅣ 그 이의 뜻이 高尙하다

形容詞의 알, 높을ㅣ 길이 險하지 않이
하다

의 ㅣ과 같이
적을ㅣ 묵에가 많다

나 形容詞에 달른 助吐『근』를 더 하야
양 당이어 그 詞들을 準副詞로 하기에 쓰

의 ㅣ과 같이 名詞이나 代名詞와 動詞이
인다

(丁).............(甲)

名詞의 알, 그 이는 貧寒한 살암일ㅣ
그 마암이 正直하다

代名詞의 알, 演劇場이 여 거일ㅣ 나
는 한 번도 들어 가지 않
이 하얏다

動詞의 알, 범에게 물니어 갈ㅣ 精神
을 일치 말아라

形容詞의 알, 키는 적을ㅣ 속은 알 차다

의 ㅣ과 같이 (丙)과 같은 連接法으로 잉
당이어 句語와 句語를 接續하기에 쓰인다

四八、며

(甲).............두낫 以上의 事實을 거듭 들
어서 줄 당이는 뜻인이

名詞의 알, 金이ㅣ 銀이ㅣ 그 이가 物
件을 퍽 가지었다

代名詞의 알, 나이ㅣ 너이ㅣ 울이가
가아서 그 이를보자

動詞의 알, 가ㅣ 오ㅣ 살암들이 길에
퍽 많드라
읽으ㅣ 쓰ㅣ 工夫를 잘 한
다

形容詞의 알, 丹楓 입이 풀으ㅣ 눌으ㅣ
한다
붉으ㅣ 검으ㅣ 열어 빗이

날아 난다

의 ㅣ와 같이 名詞이나 代名詞의 알에는

『이』를 더 하야 양 둥이고 받침(ㄹ받침은

말고) 있어 된 動詞이나 形容詞에는 그 語

根에 『으』를 더 하고 또 ㄹ받침으로 된

것이나 받침 없이 된 그 것들에는 그 語

根에 그대로 양 둥이어 그 詞들을 準

副詞로 하기에 쓰인다

（乙）⋯⋯⋯⋯⋯（甲）과 같은 뜻인이

名詞의 알, 저 이는 文學博士 이ㅣ이

代名詞의 알, 이ㅣ 冊은 나의 것이ㅣ 저

붓은 너의 것이다

動詞의 알, 해가 나ㅣ 비가 개인다

形容詞의 알, 日氣가 차ㅣ 발암이 불어

온다

의 ㅣ와 같이 （甲）과 같은 連接法으로 양

둥이어 句語와 句語를 接續하기에 쓰인다

（丙）⋯⋯⋯⋯⋯（甲）과 같은 뜻인이

名詞의 알, 꽃이ㅣ 달이, 金이ㅣ 銀

代名詞의 알, 여 그이ㅣ 저 긔

이것이ㅣ 저 것

動詞의 알, 가ㅣ 온다, 주ㅣ 받는다

形容詞의 알, 크ㅣ 길다, 깊으ㅣ 멀다

（甲）과 같은 連接法으로 양

둥이어 單字와 單字를 接續하기에 쓰인다

四九、면

（甲）⋯⋯⋯⋯⋯原因이나 形便을 벼풀어 未來

에 되야 질 條件을 더지는 뜻

인이

名詞의 알, 저 살암이ー 좋겠다

代名詞의 알, 이 것이ー 좋겠다

의ー과 같이 名詞이나 代名詞의 알에「이」를 더 하야 잉 둥이어 그 詞들을 한 句語의 主格으로 하기에 쓰인다

(乙)

名詞의 알, 내가 冊이ー 가진다

代名詞의 알, 너는 저 것이ー 가지겠는야

의ー과 같이 (甲)과 같은 뜻인이 당이어 그 詞들을 한 句語의 客格으로 하기에 쓰인다

(丙)

名詞의 알, 오날이ー 그 이가 오겠다

代名詞의 알, 저 거이ー 같이 멀지 않이 하다

의ー과 같이 (甲)과 같은 遠接法으로 잉 둥

(丁)

名詞의 알, 저 이가 卒業生이ー 試驗을 보일 必要가 없다

代名詞의 알, 너의 冊이ー 너는 이 것을 가지어 가거라

의ー과 같이 名詞이나 代名詞의 알에 이어 그 詞들을 準副詞로 하기에 쓰인다

形容詞의 알, 山이 높으ー 골이 깊다

動詞의 알, 물이 오ー 배가 간다

의ー과 같이 名詞이나 代名詞의 알에는 『이』를 더 하야 잉 둥이고 받침(ㄹ받침은 말고)있이 된 動詞이나 形容詞에는 그 語根에 『으』를 더 하고 또 ㄹ받침으로 된 것이나 받침 없이 된 그 것들에는 그 語根에 그대로 잉 둥이어 句語와 句語를 接續하기에 쓰인다

五〇、면서

(甲)............한 가지 움작임이 일우어지

고 있는 제음에 또 달른 움작

임이 한게 일우어지는 뜻인이

動詞의 알, 웃으ㅣ 저 이가 놀애를 한
다

이 것은 울ㅣ 芥子 먹기
이다

의 ㅣ와 같이 받침 (ㄹ받침은 말고) 있이
된 動詞에는 그 語根에『으』를 더 하고 또
ㄹ받침으로 된 것이나 받침 없이 된 그
것들에는 그 語根에 그 대로 웅 당이어
그 詞를 準副詞로 하기에 쓰인다

(乙)............(甲)과 같은 뜻인이

名詞의 알, 老兄이 偵探이ㅣ 그일을 몰
르겠소

代名詞의 알, 너의 집이 여 거이ㅣ 한
번도 나를 請하지 않이 하
는야

動詞의 알 그 이는 醫學을 배오ㅣ 病
人을 診察한다

저 아해는 賞品을 받으ㅣ
나를 본다

形容詞의 알, 爆發하는 솔애가 높으ㅣ 火
山에 煙氣가 일드라
日氣가 차ㅣ 길억이가 南
으로 날아 간다

의 ㅣ와 같이 名詞이나 代名詞의 알에는
『이』를 더 하야 웅 당이고 받침 (ㄹ받침
은 말고) 있이 된 動詞이나 形容詞에는 그
語根에『으』를 더 하고 또 ㄹ받침으로

된 것이나 받침 없이 된 그 것들에는 그 語根에 그대로 응 이어 句語와 句語를 接續하기에 쓰인다

五一、보다……서로 견주는 뜻인이

名詞의 알、 이 冊이 저 冊ㅣ 낫다

너는 財物ㅣ 智識을 求하야라、

代名詞의 알、 네가 나ㅣ 먼저 가거라

,쉬운 일을 하는 것ㅣ 얼여운 일을 하는 것이 經驗上에 매우 緊要하다

의ㅣ와 같이 名詞이나 代名詞의 알에 응 등이어 그 詞들을 準副詞로 하기에 쓰인다

五二、뿐……홋으로나 홀로 되는 뜻

名詞의 알、 여기 있는 것은 冊ㅣ이다

代名詞의 알、 오날 한 일은 이 것ㅣ이오

動詞의 알、 나는 올ㅣ이다

너는 이 것을 맘을ㅣ이다

形容詞의 알、 저 집은 큰ㅣ이다

샘물은 맑을ㅣ이다

의ㅣ과 같이 名詞이나 代名詞이나 形容詞에는 그대로 응 등이고 動詞이나 形容詞의 알에는 달른 助吐「ㄹ」을 더 하야 응 등이어 그러한 意思를 낳아 나이기에 쓰인다

풀이　ㅣ이 動詞이나 形容詞의 알에 응 등이어 쓰이는 境遇에 그 알에 또 응 등이어 지는 吐들은 名詞이나 代名詞의 알에 응 등이어 지는 吐들로 된다

五三、사록

(甲)……더욱 사맞치는 뜻인이

名詞의 알、 열음일ㅣ 더웁다

代名詞의 알、 나일ㅣ 가아 보겠다

의 ─과 같이 名詞이나 代名詞의 알에 달른 助吐 『를』를 더 하야 웅 당이어 그 詞들을 한 句語의 主格으로 하기에 쓰인다*

(乙)

……(甲)과 같은 뜻인이

名詞의 알、 너는 化學일─ 더 研究하야라

代名詞의 알、 너는 적은 것일─ 더욱

의 ─과 같이 (甲)과 같은 連接法으로 웅 당이어 그 詞들을 한 句語의 客格으로 하기에 쓰인다

注意하야라

(丙)

……(甲)과 같은 뜻인이

名詞의 알、 오날일─ 내가 이 것을 하겠다

代名詞의 알、 이 것일─ 울이는 相關을 않이 한다

動詞의 알、 먹을─ 너는 먹을 것을 더 달나고 하는야

形容詞의 알、 맑을─ 물은 慾心을 나이는야 찰─ 불을 더 집히어라

의 ─과 같이 名詞이나 代名詞와 動詞이나 形容詞에 달른 助吐 『를』를 더 하야 웅 당이어 그 詞들을 準副詞로 하기에 쓰인다

(丁)

……(甲)과 같은 뜻인이

名詞의 알、 이 것이 돈일─ 너는 더 操心하야라

代名詞의 알、 問題가 얼여운 것일─ 나는 생각을 많이한다

動詞의 알、 얼은이 너를 살앙할─ 더욱 恭敬하야라

形容詞의 알, 숫이 많을ㅣ 범이 있다

의 ㅣ과 같이　(丙)과 같은　連接法으로 잉
당이어　句語와　句語를　接續하기에　쓰인다

五四、샤……「五五　서」의　「丙」의　尊待　되는
　말인이

名詞의　알,　孔子는　聖人이ㅣ　萬世의
　師表가　되시었다

代名詞의　알, 예수는　결국　한　이이ㅣ　人
生의　罪惡을　代贖하시었다

動詞의　알,　아버지께서　伯林에　滯在하
　ㅣ　哲學을　研究하신다

兄님이　賞品을　받으ㅣ　니

形容詞의　알,　한으넘의　뜻이　크ㅣ　微虫
　까지　잘　保護하야　주신다

　어버이의　恩惠가　깊으ㅣ　다

갚을 수가 없다

의 ㅣ와 같이 名詞이나 代名詞의 알에는
『이』를 더 하고 받침 있이 된 勸詞이나

당이어　句語와　句語를　接續하기에　쓰인다

形容詞에는　그　語根에　『으』를　더하고 받침
없이 된 그 것들에는 그 語根에 그대로 잉

五五、서

(甲)……움작임이　일우어　지는　處所를　갈아 처
　　는　뜻인이

名詞의　알, 나는　서울ㅣ　사오

代名詞의　알, 거　거기ㅣ　아해들이　놀고
　　있소

외 ㅣ와 같이 名詞이나 代名詞의 알에 잉
당이어 그 詞들을 準副詞로 하기에 쓰인다

(乙)……움작임이　비롯　된　곳을　갈아치는　뜻
　인이

名詞의 알、 저 이가 開城ㅣ 오았다

代名詞의 알、 그 이는 저 거ㅣ 오았다

의 ㅣ와 같이 (甲)과 같은 連接法으로 앙
당이어 그 詞들을 準副詞로 하기에 쓰인다

(丙)……움작입의 次序를 보이는 뜻인이

名詞의 알、 그때 그 이가 會長이어ㅣ
會務를 잘 살펴었소

代名詞의 알、 그 때는 울이 집이 여거
이어ㅣ 學校에 단이기가
꽤 便하얐다

動詞의 알、 울이가 形便을 알아ㅣ이
對答을 하겠다

形容詞의 알、 오날은 달이 밝아ㅣ 놀기
가 좋다

의 ㅣ와 같이 名詞이나 代名詞의 알에는
『이어』를 더 하고 動詞이나 形容詞에는 그

語尾에 그대로 앙 당이어 句語와 句語를
接續하기에 쓰인다

풀이 名詞이나 代名詞의 알에 더 하야 지
는 『이어』는 『七八이』의 語尾인이 그 仔細한
것은 그 條의 끝에 보이라

五六、 슬음……若干 비슷 한 뜻인이
形容詞의 알、 꼿 빗이 눌으ㅣ 하오
눈 출이가 가느ㅣ 하다
의 ㅣ과 같이 形容詞의 語根에 앙 당이
어 그 詞를 準副詞로 하기에 쓰인다
풀이 『슬음』을 더 하야 準副詞로 되는
形容詞는 매오 적다

五七、 시……尊待하는 뜻인이
名詞의 알、 萬物을 創造한 이는 한으
님이다

代名詞의 알、壇君은 겨옥 하신 이이

動詞의 알、그 이가 그 아해를 보ㅣ
ㅣ다
고 가ㅣ드라
아버지께서 그 것을 받으
ㅣ고 깃부어 하ㅣ드라

形容詞의 알、한으님의 뜻은 깊으ㅣ고도
크ㅣ다
父母의 恩德은 限없이 크
ㅣ고 넓으ㅣ다

의 ㅣ와 같이 名詞이나 代名詞의 알에는
ㅣ를 더 하고 받침 있이 된 動詞이나
形容詞에는 그 語根에 『으』를 더하고 받
침없이 된 그 것들에는 그 語根에 그대
로웅 당이어 그러 한 意思를 낳아 나이

기에 쓰인다

『시』는 語根과 語尾로 갈나인다

根尾의 區別	쓰	임
語根	시	오ㅣ고
語尾	시어	오ㅣ서

五八、식
(甲)…… 各各 된 部分이다 같은 數量으로 끌
트게 分配 되는 뜻이ㅣ

名詞의 알、學生이 열 살암ㅣ 늘어 스
어 간다

數量代名詞의 알、
아해들에게 菓子를 멸ㅣ
나누어 줄이가
너이가 돈을 열마ㅣ 가지
었는야

의 ―과 같이　名詞이나　數量代名詞의 알
에 응 둥이어 그 詞들을 準副詞로 하기
에 쓰인다

(乙)……
(甲)과 같은 뜻인이
名詞의 알、 쌀 한 섬에 二十圓ㅣ이다

이것의 값이 얼말ㅣ인
數量代名詞의 알、
詞의 알、 야

의 ―과 같이 (甲)과 같은 連接法으로 응
둥이어 그러한 意思를 날아 나이기에 쓰
인다

五九、從……임에 지나아 간 뜻인이
名詞의 알、 그 이는 좋은 살암이어ㅣ
다
代名詞의 알、 그 집이 여 긔이어ㅣ다
動詞의 알、 내가 저 것을 보아ㅣ다

形容詞의 알、 꼿 빗이 붉어ㅣ다

의 ―와 같이 名詞이나 代名詞의 알에는
『이어』를 더 하고 動詞이나 形容詞에는 그
語尾에 그대로 응 둥이어 그러한 意思를
날아 나이기에 쓰인다

『從』는 語根과 語尾로 갈나인다

根尾의 區別	쓰	임
語根	從	보아ㅣ다
語尾	쓰어	보아ㅣ서

六〇、안테……『六九 에게』의 俗 된 말
인이 그 連接과 쓰임이 그
와 같다
名詞의 알、 그 살암ㅣ 이약이를 하야
두어라

代名詞의 알、 그 이ー 그 것을 보네시오

六一、야 야 고……움작이고자 하는 뜻인이
動詞의 알、
　　　잘ー 그 아해는 房으로
　　　들어 가았다
　　　밥을ー 나는 집으로
　　　오았다
의 ー와 같이 動詞의 語根에 달른 助吐
「글」를 더 하야 양 당이어 그 詞를 準
副詞로 하기에 쓰인다

六二、야
(甲)……確實하게 따지는 뜻인이
名詞의 알、 그 살암이ー 오겠지
代名詞의 알、 저 이이ー 참 좋은 살암
이다
의 ー와 같이 名詞이나 代名詞의 알에 「이」

를 더 하야 양 당이어 그 詞들을 한 句
語의 主格으로 하기에 쓰인다

(乙)……(甲)과 같은 뜻인이
名詞의 알、 내가 저 것이ー 보겠다
代名詞의 알、내가 저 것이ー 사겠다
의 ー와 같이 (甲)과 같은
당이어 그 詞들을 한 句語의 客格으로 하
기에 쓰인다

(丙)……(甲)과 같은 뜻인이
名詞의 알、 오날이ー 그 이가 온다
代名詞의 알、여 기이ー 살암의 집이 많
다
動詞의 알、 먹어ー 울이가 살겠다
形容詞의 알、크어ー 그 것이 얼마나 클
야

의 ㅣ와 같이 名詞이나 代名詞의 알에는

『이』를 더 하고 動詞이나 形容詞에는 그

語尾에 응 당이어 그 詞를을 準副詞로 하

기에 쓰인다

(丁)......(中)과 같은 뜻인이

名詞의 알, 저 것이 金剛石이라ㅣ 내

가사겠소

代名詞의 알, 그 이의 집이 저 거이라

ㅣ 울이가 가아서 보겠소

形容詞의 알, 山이 높아ㅣ골이 깊다

動詞의 알, 물이 오아ㅣ 배가 간다

의 ㅣ와 같이 名詞이나 代名詞의 알에는

흔히 『이라』를 더하야 응 당이고 動詞이나

形容詞에는 그 語尾에 응 당이어 句語와

句語를 接續하기에 쓰인다

六三、어늘......『四 거늘』과 같은 뜻 같

은 쓰임이되 다만 名詞이나

代名詞의 알에 『이』를 더 하

야 응 당인다

名詞의 알, 때는 正히 봄 철이ㅣ 꽃

은 아즉 않이 피었네

代名詞의 알, 내가 본 살암이 그 이이

ㅣ 너는 누구를 보고 그

러 하는야

六四、어니......『五 거니』와 같은 뜻 같은

쓰임이되 다만 名詞이나 代

名詞의 알에 『이』를 더 하야

응 당인다

名詞의 알, 冊이ㅣ 붓이ㅣ 달이ㅣ

代名詞의 알, 그 이의 집이 저 거이ㅣ

六五、어니와……『六 거니와』와 같은 뜻

같은 쓰임이되 다만 名詞

이나 代名詞의 알에 『이』

틀 더 하야 씀 닿인다

名詞의 알, 저 것은 꼿이ㅡ 이 것은

무엇인야

代名詞의 알, 그 집은 여 긔이ㅡ 너의

집은 어대인야

六六、어든……『七 거든』과 같은 뜻 갈

은 쓰임이되 다만 名詞이나

代名詞의 알에 『이』를 더

하야 씀 닿인다

名詞의 알, 저 것이 冊이ㅡ 여 긔 두

나는 짐작 하얏다

代名詞의 알, 저 붓이 너의 것이ㅡ 가

지어 가거라

어라

六七、언정……『四七 망정』과 같은 뜻 갈

은 쓰임이되 다만 助쯧르、

名詞의 알, 그 살암일지ㅡ 않이 오겠

는야

代名詞의 알, 저 이가 그 것일지ㅡ 가

지었으가

動詞의 알, 죽을지ㅡ 나는 뜻을 變하

지 않이 한다

形容詞의 알, 키는 클지ㅡ 所見은 없

는 貌樣이다

六八、에

(甲)……움작임이나 存在의 일우어 지는 곳이

名詞의 알、 東ㅣ 달이 돋고 西ㅣ 해

나.대중을 날아 나이는 뜻인이

代名詞의 알、 가 진다

의 ㅣ와 같이 名詞이나 代名詞의 알에 앙

ㅣ 곳이 있다

代名詞의 알、 여 긔ㅣ 임표 있고 저 긔

(乙)…거듭 하는 뜻인이 그 쓰임과 連接은

(甲)과 같다

둥이어 그 詞들를 準副詞로 하기에 쓰인다

名詞의 알、 밥ㅣ 떡ㅣ 국ㅣ

代名詞의 알、 누구ㅣ 누구ㅣ、여 긔ㅣ 저

긔ㅣ

(丙)……『五一 보다』와 같은 뜻인이 그 쓰임

過 連接은 (甲)과 같다

名詞의 알、 개 값이 소 갌ㅣ 더 할야

代名詞의 알、 金의 效能이 이ㅣ 더 하

겠느야

(丁)……까닭을 벼푸는 뜻인이

名詞의 알、 그 이는 女子임ㅣ 感情이

代名詞의 알、 男子보다 빨르다

울이 집이 여 긔임ㅣ

動詞의 알、 갈 必要가 없다

가 딸아 읽드라

代名詞의 알、 先生이 굴을 읽음ㅣ 弟子

形容詞의 알、 비가 개이고 달이 밝음ㅣ

夜色이 매우 좋드라

의 ㅣ와 같이 名詞이나 代名詞와 動詞이나

形容詞에 音便을 말미암아 『ㅁ』를 더하

야 그 詞들을 ㅁ 받침 行動名詞 처럼 하
고 다시 그 알에 ㅇ 닿이어 句語와 句
語를 接續하기에 쓰인다

六九、에게……살암이나 動物를 相對하야
　　움작임의 方向을 보이는 뜻
　　인이

名詞의 알、 저 살암ㅣ 이 것을 주어라
　　개ㅣ 박을 주시오

代名詞의 알、 누구ㅣ 이 것을 傳할이가
　　그 貌樣을 무엇ㅣ 比할가

의 ㅣ와 같이 名詞이나 代名詞의 알에 ㅇ
닿이어 그 詞들을 準副詞로 하기에 쓰인다

七〇、에게서
(甲)……살암을 대충하야 움작임이나 일우어 짐
　　이 날아나는 處所를 갈아 치는 뜻인이

名詞의 알、 그 이는 金書房ㅣ 묵고 있

代名詞의 일, 나는 그 이ㅣ 쉬고 오았다
다

(乙)……살암이나 動物을 대충하야 움작임의 비
닿이어 그 詞들을 準副詞로 하기에 쓰인다

名詞의 알、 그 親舊ㅣ 片紙ㅣ 오았다
　　(甲) 놀우ㅣ 香臭가 난다

代名詞의 알、 누구ㅣ 電話가 오았는야
　　이 냄새가 무엇ㅣ 나는야

接과 쓰임이
뜻된 곳을 같이 치는 뜻인이 그 連

七一、에서
(甲)……『五五 서』의 (甲)과 같다
名詞의 알、 저 學生 이 咸興ㅣ 산다
代名詞의 알、나의 아오는 거 긔ㅣ 묵는다

(乙)……『五五 서』의 (乙)과 같다

名詞의 알, 그 살알이 金剛山ー 온다

（丙）……『六八 에』의 （丙）과 같다

저 아해는 거 기ー 온다

名詞의 알, 나를 알아 주는 이가 父
母ー 더 할야

代名詞의 알, 이 것ー 더 좋은 것이어
대 있는야

七二、오

（甲）……『二 고』와 같은 뜻인이

名詞의 알, 朝鮮의 束은 日本이ー 西
北은 支那이다

代名詞의 알, 敎室은 여 긔이ー 寄宿
는 저 긔이다

의 ー와 같이 名詞이나 代名詞의 알에『이』
를 더 하야 웅 댱이어 句語와 句語를 接

（乙）……（甲）과 같은 뜻인이

續하기에 쓰인다

名詞의 알, 콩이ー 팟이ー 함부로 짓
걸이지 말아라

代名詞의 알, 무엇이ー 무엇이ー 등일
必要가 없다

의 ー와 같이 （甲）과 같은 連接法으로 앙
댱이어 그 詞들을 準副詞로 하기에 쓰인다

（丙）……謙遜하는 뜻인이

名詞의 알, 이 아해가 學生이ー되

代名詞의, 알 저의 집이 여긔이ー되

動詞의 알, 저 살암이 오날 가ー나

이 살암이 이 것을 받으
ー나

形容詞의 알, 이 것이 크ー 며

빗이 붉으ㅣ면

의 ㅣ와 같이 名詞이나 代名詞의 알에는

『이』를 더 하야 응 둥이고 받침 있이

된 動詞이나 形容詞에는 그 語根에 『으』

를 더 하고 받침 없이 된 그 것들에는

그 語根에 그대로 응 둥이어 그러한 意

思을 날아 나이기에 쓰인다

에 『ㅂ』들 더 하야 『웁』으로 되야 『이웁되』

『가웁되』의 『웁』과 같이 쓰이기로 한다

『오』는 語根과 語根로 갈나인다

[풀이] ㅣ는 혼히 音便에 말미암아 그 알

根尾의 區別	쓰	입
語根	오	쓰ㅣ나
語根	오	쓰ㅣ나
語根	오	아쓰ㅣ서

七三、와……『ㅡ三과』와 같되 다만 받

침 없이 된 名詞이나 代名

詞의 알에 응 둥인다

名詞의 알, 배ㅣ 밤이 많이 있다

너는 저 아해ㅣ 있거라

代名詞의 알, 여긔가 저 긔ㅣ 같다

누구ㅣ 누구가 거긔 있든야

七四、은……『二六』의 『甲』『乙』『丙』

의 各條와 같은 뜻, 같은 쓰

임이되 다만 받침 있이 된

名詞이나 代名詞의 알에 응

둥인다

名詞의 알, 달ㅣ 밝고 발암ㅣ 맑다

내가 말ㅣ 달녀어 보왔다

오날ㅣ 日氣가 매오 차다

代名詞의 알, 이 것ㅣ 물이오 저 것ㅣ

七五、을……『四三를』과 같되 다만 받침

名詞의 알에 있이 된 名詞이나 代名詞의

代名詞의 알에 응 둥인다

名詞의 알, 나는 밥ㅣ 사아 오았다

代名詞의 알, 너는 무엇ㅣ 보는야

山이다

네가 무엇ㅣ 하얏는야

七六、의……무엇에 딸이거나 差持 되는

뜻인이

名詞의 알, 저 살암ㅣ 아달이 누구인야

代名詞의 알, 그 이 ㅣ 冊은 이 것이다

의ㅣ와 같이 名詞이나 代名詞의 알에

응 둥이어 그 詞물을 冠置形容詞로 하기

에 쓰인다

七七、이

(甲)……『ㅣ가』의 (甲)과 같은 뜻, 같은 쓰임

이되 다만 받침 있이 된 名詞이나 代名

詞의 알에 응 둥인다

名詞의 알, 물ㅣ 흘른다

代名詞의 알, 그 것ㅣ 무엇이온이가

그러 하나 예 굴에 말미 암아 보면 받

침 있이 된 名詞의 알에도 『이』가 母音

『ㅣ』로 되야 응 둥이어 진 일도 있다

君子이………君子ㅣ

孔子이………孔子ㅣ

孟子이………孟子ㅣ

曾子이………曾子ㅣ

(乙)……『ㅣ가』의 (乙)과 같은 뜻, 같은 쓰임

이되 다만 받침 있이 된 名詞이나 代名

詞의 알에 응 둥인다

名詞의 알、 그 이가 會長ㅣ 되었다

代名詞의 알、 그 사람이 이제 무엇ㅣ
되었습니가

名詞의 알、 얼은 인ㅣ 아해인ㅣ 差別
을 하지 말아라

(丙)……原因이 될만 한 條件을 보이는 뜻인이

代名詞의 알、 누구인ㅣ 누구인ㅣ 말할
것이 없다

動詞의 알、 올ㅣ 갈ㅣ 하고 酌定이
아즉 없다
온ㅣ 간ㅣ 하고 是非를
하드라
받는ㅣ 주는ㅣ 서로 細音
을 하드라

形容詞의 알、 옳은ㅣ 긇은ㅣ 是非를 캐

의 ㅣ와 같이 名詞이나 代名詞의 알에는
달른 助吐 『ㄴ』(或 ㄹ도)를、 動詞이나 形
容形詞에는 달른 助吐 『ㄴ』이나 『ㄹ』이나
『는』을 더 하야 잉 뭉이어 그 詞를을
準副詞로 하기에 쓰인다

지 말아라
큰ㅣ 적을ㅣ 하고 物件을
끌브지 마시오

(丁)……(丙)과 같은 뜻인이

名詞의 알、 그 얼은이 나의 先生인ㅣ
잘 待接하시오

代名詞의 알、 올이 집이 여 긔인ㅣ 暫
間 들어 가세

動詞의 알、 내가 그 冊을 본ㅣ 趣味
가 많습니다

내가 그 冊을 읽은ㅣ들

어 보시오

形容詞의 알、이 것은 큰ㅣ 저 것을

주시오

저 山은 높은ㅣ 아마 끝

이 깊겠지오

의 ㅣ와 같이 名詞이나 代名詞와 動詞이

나 形容詞에 달른 助吐「ㄴ」를 더 하야

앙 등이어 句語와 句語를 接續하기에 쓰

인다

【풀이】「이」는 그 우에 달른 助吐「ㄴ」를

더 하야 各詞의 알에 앙 등이어 句語와

句語를 接續하기에 쓰이는 외에 또「는」이나

「ㄹ」도 더 하야 앙 등이어 그와 같이 쓰

이기도 한이 그 仔細한 것은 이 알에 보

이는 바 「풀이」에 보아라

(戊)……「三六 들」과 같다

名詞의 알、나인ㅣ 그 곳에 가는 아

代名詞의 알、네가 그 것인ㅣ 가지겠는야

거 거인ㅣ 그 이가 있겠

는야

動詞의 알、내가 저 것을 본ㅣ 그

理致를 알겠는야

形容詞의 알、量이 큰ㅣ 限이 있겠지

【풀이】 우에 보인 바 「ㅣ」가 各詞의 알에

過去의 뜻을 날아 나이는 助吐「ㄴ」를 더

하야 앙 등이는 境遇에는

名詞의 알、살암인ㅣ 곳인ㅣ 山인ㅣ

代名詞의 알、이 것인ㅣ、저 것인ㅣ、

그 것인ㅣ

動詞의 알, 본ー, 읽은ー, 받은ー

形容詞의 알, 큰ー, 적은ー, 많은ー

의 『ㄴ』와 같이 쓰는 것이 옳으나 俗

文에는

名詞의 알, 살암이니, 꽃이니, 山이니,

代名詞의 알, 이 것이니, 저 것이니, 그

것이니,

動詞의 알, 보니 읽으니, 받으니,

形容詞의 알, 크니 적으니 많으니,

의 『니』와 같이 『ㄴ이』는 『니』로 變하야

各詞의 알에 助吐 『ㄴ』를 따로 더 하지

앙이 하고 그대로 응 당인다

이에 말미 암아 『하냐』 『하니』 『하ㅛ』와

같은 따위는 그 『ㄴ』를 動詞 『하』에 더

하고 『냐』는 『야』로, 『니』는 『이로 『뇨』

는 『요』로 하야 『한야』 『한이』 『한요』로

쓰는 것이 正理이라 한다

또 各詞〔形容詞〕의 알에 現在現行

의 뜻을 날아 나이는 助吐 『는』을 더 하

야 응 당이는 境遇에

名詞의 알, 살암이는ー, 꽃이는ー, 山이

는ー

代名詞의 알, 이 것이는ー, 저 것이는ー

는ー

動詞의 알, 보는ー, 읽는ー, 받는ー,

그 것이는ー,

의 『는ー』와 같이 쓰는 것이 옳으나 俗

文에는

名詞의 알, 살암이나니 꽃이나니, 山이

나니,

代名詞의 알, 이 것이나니 저 것이나니

　그 것이나니、

動詞의 알、 보나니、읽나니、받나니、

의 『나니』와 같이 『는이』는 『나니』로 變

하야 各詞의 알에 助吐 『는』을 따로 더

하지 않이 하고 그대로 응 당인다

이에 말미암아 『하느냐』『하나니』와 같은

따위는 그 『는』을 動詞『하』의 알에 응

당이오 그 알에 엇붓 『냐』는 『야』로 『니』는

『이』로 하야 『하는야』『하는이』로 쓰는

것이 正理라 한다

또 各詞의 알에 未來의 뜻을 날아 나이

는 助吐 『ㄹ』를 더 하야 응 당이는 境遇에

名詞의 알、 살암일ㅣ、곳일ㅣ 山일ㅣ、

代名詞의 알、이 것일ㅣ、저 것일ㅣ、그

　　　것일ㅣ

動詞의 알、붙ㅣ、읽을ㅣ 받을ㅣ、

形容詞의 알、큰ㅣ、적을ㅣ、많을ㅣ

의 『ㄹㅣ』와 같이 쓰는 것이 옳으나 俗

文에는 『ㄹ인이』로 되야 쓰인다

名詞의 알、 살암일인이、곳일인이、山일

　　　인이、

代名詞의 알、이 것일인이、저 것일인이

　　　그 것일인이、

動詞의 알、붙인이、읽을인이、받을인이

形容詞의 알、클인이、적을인이、많을인이

또

名詞의 알、 살암이리니 곳이리니 山이

　　　리니

代名詞의 알、이 것이리니 저 것이리니

　　　그 것이리니

動詞의 알、 보리니 읽으리니 받으리니

形容詞의 알、크리니 적으리니 많으리니

의 『리니』와 같이 『ㄹ인이』는 『리니』로

變하야 各詞의 알에 助吐 『ㄹ』를 따로

더 하지 않이 하고 그대로 웅 둥인다

이에 말미암아 『하탸』『하랴고』『하리』와

같은 따위는 그 『ㄹ』를 動詞 『하』에 더

하고 『랴』는 『야』로 『랴고』는 『야』도

『리』는 『이』로 하야 『할야』『할야고』『할

이』로 쓰는 것이 正理이라 한다

또 名詞이나 代名詞의 알에 열어 가지

吐를 웅 둥이기에 더 하야 音便으로 쓰

이는 『이』는 動詞 『되成』와 같은 뜻인이

달른 動詞처럼 홀로 쓰이지 않이 하고

名詞나 代名詞의 알

살암된……………살암ㄹ

살암될………………살암ㄹ

살암됨………………살암ㅁ

그이된……………그이ㄴ

그이될……………그이ㄹ

그이됨…………………그이ㅁ

의 ㅣ와 같이 助吐 『ㄴ』『ㄹ』이나 달른

音 『ㅁ』를 名詞이나 代名詞의 알에 웅

둥이는 境遇에 動詞『되』의 代身으로 쓰이

어 그 音便을 도웁는다

또

살암되다……………살암ㅣ다

살암되오………………살암ㅣ오

살암되가………………살암ㅣ가

살암되오………………살암ㅣ오

살암되다………………살암ㅣ다

저이되다………………저이ㅣ다

저이되다………………저이ㅣ다

저이되오………………저이ㅣ오

「지이되가⋯⋯⋯저이⋯⋯가」

의 ㅣ와 같이 終止吐이나 或 다른 助吐

를 名詞이나 代名詞의 알에 웅 당이는

境遇에 動詞 『되』의 代身으로 쓰이어 그

音便을 도웁는다

그러 함으로 이에 말미암아 各例中 名詞

이나 代名詞의 알에나 吐와 吐의 사이에

나 또 或 吐의 우에 더 하야 쓰이는

이는 이와 같이 動詞 『되成』의 뜻을

품어　音便으로만　쓰인다

『이』는　語根과　語尾로　갈나인다

七八、자

根尾의 區別	쓰	임
語根	이	살암이오
語尾	이어	살암ㅣ도

(甲)⋯⋯두 가지 以上의 事實이나 動作이 맞

우　일어　나는　뜻인이

名詞의 알、 그 이는 牧師이ㅣ 先生이

오

代名詞의 알、주고 받을 細音이 얼마이

ㅣ 알마인야

動詞의 알、 저 아해가 오ㅣ 그만 잔

다

形容詞의 알、그 열매가 붉ㅣ 검어 진

다

의 ㅣ와 같이 名詞이나 代名詞의 알에는

『이』들 더 하고 動詞이나 形容詞에는 그

語根에 그 대로 웅 당이어 그詞들을 準

副詞로 하기에 쓰인다

(乙)⋯⋯(甲)과 같은 뜻인이

名詞의 알、저 이는 軍人이ー이 이
는 政治家이다

代名詞의 알、나의 집이 여 긔이ー 그
이의 집도 여긔 이다

動詞의 알、主人에게 醬이 없ー 나 귀
네가 국을 싫다고 한다

形容詞의 알、달이 밝ー 손이 오는군아
의 ー와 같이 (甲)과 같은 連接法으로 잉
당이어 句語와 句語를 接續하기에 쓰인다

七九、 즉

(甲)…… 입에 일우어 진 關係를 들어 대충하
야 따지는 뜻인이

名詞의 알、그 이인ー 착한 살암이다
代名詞의 알、그 이인ー 양전 하다
의 ー과 같이 名詞이나 代名詞의 알에 달

른 『助吐ㄴ』를 더 하야 잉 당이어 그 詞

(乙)……(甲)과 같은 뜻인이
名詞의 알、내가 法律인ー 배오 왔다
代名詞의 알、나는 그 것인ー 않이 쓰

들을 한 句語의 主格으로 하기에 쓰인다

의 ー과 같이 (甲)과 같은 連接法으로 잉
당이어 그 詞들을 한 句語의 客格으로 하
기에 쓰인다

(丙)……(甲)과 같은 뜻인이
名詞의 알、오날인ー 그 이가 올듯하오
代名詞의 알、저 거인ー 나는 않이 가
겠다

의 ー과 같이 (甲)과 같은 連接法으로 잉
당이어 그 詞를 準副詞로 하기에 쓰인

(丁)……

(甲)과 같은 뜻인이

名詞의 알, 이 얼운은 先生님인ー 너
는 절 하고 보이어라

代名詞의 알, 울이 집이 여 거인ー 暫
間들어 가아서 쉬웁시다

動詞의 알, 저 살암이 저러 하게 한
ー 나는 음지 이것을 할
이가

形容詞의 알, 오날은 달이 밝은ー 발암
이나 쏘이라 나아 가읍시다

의 ー과 같이 名詞이나 代名詞이나 動詞이
나 形容詞에 달른 助吐 『ㄴ』를 더 하야
잉 당이어 句語와 句語를 接續하기에 쓰
인다

八〇、지

(甲)……밀어 해 알이거나 疑訝하는 뜻인이

名詞의 알, 저 것이 冊이ー오

代名詞의 알, 그 數爻가 몰우 설은이ー
오

動詞의 알, 저 아해가 오날 가ー오

形容詞의 알, 꽂이 퍽 붉ー오

의 ー와 같이 名詞이나 代名詞이나 形容詞에는
『이』를 더 하고 動詞이나 形容詞에는 그
語根에 그대로 잉 당이어 그러한 意思를
날아 나이기에 쓰인다

(乙)……(甲)과 같은 뜻인이

名詞의 알, 어제인ー 그 이가 오았드
라

來日일ー 몰애일ー 그 살

암이　오겠다

代名詞의　알, 어대인ㅣ　저　살암이　가왔
다가　오왔다

定이　아즉　없다

여　거일ㅣ　저　거일ㅣ　質

動詞의　알,

나는　저　일을　하ㅣ　않이

옴지　하는ㅣ　나는　그　까

닭을　몰른다

하겠다

그　求景은　한ㅣ　만ㅣ　하

다

形容詞의　알,

닭이　밝ㅣ　않이　하오

올ㅣ　갈ㅣ　알수가　없다

른ㅣ　적은ㅣ　見樣을　닭이

어보아라

길을ㅣ　짧을ㅣ　재여　보아

의ㅣ와　같이　名詞이나　代名詞의　알에는

라

달른　助吐『ㄴ』이나『ㄹ』를　더　하야　용

등이고　動詞이나　形容詞에도　그　語根에　그

『는』을　더　하야　용　등이어　그　詞들을　準

대로나　또　달른　助吐『ㄴ』이나『ㄹ』이나

副詞로　하기에　쓰인다

(丙)……(甲)과　같은　뜻인이

名詞의　알, 그　아해가　學生인ㅣ　너는

살피어　보아라

代名詞의　알, 그　살암이　누구일ㅣ　을이

가　알아　보자

動詞의　알, 저　살암이　온는ㅣ　電話로

릃어　보아라

形容詞의 알、來日 日氣가 맑을ー 料量

할수가 없다

의 ー와 같이 名詞이나 代名詞의 알에 달

른 助吐『ㄴ』이나『ㄹ』를 더 하야 웅 당

이고 動詞이나 形容詞에는 달른 助吐『ㄴ』

이나『는』이나『ㄹ』를 더 하야 웅 당이

어 句語와 句語를 接續하기에 쓰인다

八一、짐……그러 하게 일우어 질 分數

이나 能力을 날아 나이는 뜻

인이

名詞의 알、그 이는 참으로 牧師임ー

代名詞의 알、그ー이의 집이 저거임ー

한 資格을 가지었소

한 証據가 있소

動詞의 알、그 것은 함ー 한일이오

形容詞의 알、오을 큼ー 하게 징어라

의 ー과 같이 名詞이나 代名詞와 動詞이

나 形容詞에 音便을 말미암아『ㅁ』를 더

하야 그 詞를 『ㅁ』받침 行動名詞처럼

하고 다시 그 알에 웅 당이어 그 詞를

을 準副詞로 하기에 쓰인다

八二、꿈

(甲)……假量의 뜻인이

名詞의 알、두어 살암ー 있다

代名詞의 알、얼마ー 그 곳에 있든야

외 ー과 같이 名詞이나 代名詞의 알에 웅

당이어 그 詞를 한 句語의 主格으로 하

기에 쓰인다

(乙)……(甲)과 같은 뜻인이

名詞의 알、내가 두 아해ー 보았다

代名詞의 알、네가　몇ㅣ　가지었는야

의　ㅣ과　같이　(甲)과　같은　連接法으로　앙

닭이어　그　詞들을　한　句語와　客格으로　하

기에　쓰인다

(丙)……(甲)과　같은　뜻인이

名詞의　알、來日ㅣ　그　ㅣ가　오겠다

代名詞의　알、그　이가　여　긔ㅣ　오면　쉬

겠다

動詞의　알、울ㅣ　하야　손님을　나아　가

아서　맞아라

形容詞의　알、클ㅣ　하야　나무의　枝葉을

치어라

의　ㅣ과　같이　名詞이나　代名詞의　알에는

그대로　앙　닭이고　動詞이나　形容詞에는　달

른　助吐「ㄹ」을　더　하야　앙　닭이어　그

詞들을　準副詞로　하기에　쓰인다

(丁)……(甲)과　같은　뜻인이

名詞의　알、이　冊이　몰우　열　卷ㅣ이　다

代名詞의　알、너의　집이　어대ㅣ　인야

의　ㅣ과　같이　(甲)과　같은　連接法으로　앙

닭이어　그러　한　意思를　날아　나이기에　쓰

인다

八三、처럼……서로　같은　뜻인이

名詞의　알、이　것을　저　冊ㅣ　만들어

주시오

代名詞의　알、저　것은　이ㅣ　않이　되았

소

의　ㅣ과　같이　名詞이나　代名詞의　알에　앙

닭이어　그　詞들을　準副詞로　하기에　쓰인다

八四、하고……『一二三 과』이나 『七三 와』의 ㅣ와 같이 혼히 形容詞의 뜻을 품은 漢字의 알에 더 하야 그 漢字를 準副詞로 하기에 쓰인다

의 俗된 말인이 다만 받침의 區別이 없이 읏어 한

名詞이나 代名詞의 알에 든

第三十九節 終止吐의 用法

終止吐는 그 種類와 待遇의 區別을 딸아 各詞의 알에 그대로 쓰일뿐임으로 助吐와 같이 그 뜻이나 쓰임을 낫낫히 들을 까닭이 없다 그러 함으로 이 알에다만 各詞의 알에 終止吐들이 읏어 지는 法만 말하겠다

名詞의 알、 너는 저 살암ㅣ 가거라
冊ㅣ 붓을 사아 오나라

지 응 당인다

代名詞의 알、 여 긔가 저 긔ㅣ 달르다
무엇을 가지어 올 이가

(一) 名詞이나 代名詞의 알에 쓰이는 終止吐의 일 당임

(甲) 不述吐의 일 당임

八五、히……『하게』의 뜻을 품은 것인이 하게 임 당이어 지는

詞의 分別例 ＼ 吐	待遇				
	하옵시오	하오	반말	하게	하야라
	옵닙니다	오	아	세 이	다 라
	옵니다				
	올시다				
	외다				

高尚ㅣ 清潔ㅣ 嚴重ㅣ
泛然ㅣ 慎重ㅣ 潤澄ㅣ

名詞	살암이	이	이	이	일이	이	이
代名詞	그이	이	이	이	이	이	

[풀이]　終止吐가　各詞의　알에　응　당이기에
音便을　因하야　『이』『일』들을　더　한이　그
더　하야　지는　音은　그　알에　있는　吐와
한게　아울쁘어　한　낫으로　봄이　옳다　이
알에　보이는　바　各例도　다　이와　같이　된
다　그　仔細한　것은　第三十八節『助吐의　用
法』中『七七　이』條의　둘재『풀이』에　보아
라

『하읍시오』의　『읍니다』의　『읍』과　『올시다』의
『올』과　『외다』의　『외』는　다　謙遜하는　뜻을
날아　나이는　助吐『오』가　音便으로　變한
것인이　달른　終止吐의　『하읍시오』이나　하오
에　붙인　것들도　다　이와　같으며　또　『하야
라』와　『라』는　待遇의　區別이　없이　흔이
굴에　쓰이며　말에는　쯤을게　쓰인다

(乙)　疑問吐의　응　당임

詞의 分別例 (待遇 / 吐)	吐	名詞	代名詞
하읍시오	압니가 옵니가	살암이	그이
하오	온이가	이	이
반말	오	이	이
	아	이	이
하게	가	이	이
하야라	야	이	이

(二) 動詞의 알에 쓰이는 終止吐의 例

(甲) 平述吐의 例 임

待遇 (받침의 分別 / 語根과 語尾)	받침이 된 것 있 — 語根	받침이 된 것 있 — 語尾	받침이 된 것 없 — 語根	받침이 된 것 없 — 語尾
例				
하옵시오	읽	으ㅂ니다	보	ㅂ니다
하오		으오 / 소		오 / 소
반말		動詞의 語尾로 맞친다 (읽어)		動詞의 語尾로 맞친다 (보아)
하게		으이		이
하야라		다		다

풀이 우에 보인 바 表中 『하게』의 『이』는 動詞 『하』이나 『보』의 알에 쓰이는 外에 달른 動詞의 알에는 그 쓰임이 매우 드믈다

(乙) 疑問吐의 例 임

待遇 (받침의 分別 / 語根과 語尾)	받침이 된 것 있 — 語根	받침이 된 것 있 — 語尾
例		
하옵시오	읽	으옵나가 / 나이가 / 습니가
하오		으오
반말	動詞의 語尾로 맞친다	나
하게		가
하야라		야 / 이

『풀이』 우에 보인 바 表中 『하옵시오』의
『나이가』는 흔히 글에 쓰이며 『하게』의 『나』는
現行이나 確定의 뜻이오 『가』는 未定의 뜻
을 품은 것이다

(丙) 共動吐의 앵 등임

이된것 語尾	받침없 語根 보	이된것 語尾	받침있 語尾 읽어	이된것 語尾
읽어				
ㅣ		ㅣ		ㅣ
ㅣ		ㅣ		ㅣ
보아		읽어		

『풀이』

받침의 分別 語根과 語尾					語尾 例	吐　待遇
이된것 받침없 語尾 보아	이된것 받침있 語根 보	이된것 받침있 語尾 읽어	이된것 받침없 語根 읽			하옵시오
		으ㅣ	으ㅣ		시지오	하오
		으ㅣ	으ㅣ		압시다 옵시다	반말
보아		읽어			動詞의 語尾로 맞친다 세	하게 하야라
	ㅣ		ㅣ		자	
	ㅣ		ㅣ			

『풀이』 『하옵시오』의 『시지오』의 『시지』는
助吐 『시』와 『지』의 合한 말로 尊待와 推
量의 뜻을 겹치어 第二人의 任意에 말기
는 뜻이다

（丁）　命令吐의 보기임

待遇＼吐	받침의 分別 / 語根과 語尾 例			
	받침 이된것 있		받침 이된것 없	
	語尾 읽어	語根 읽	語尾 보아	語根 보
하옵시오	읍시오 옵소서 압소서오	으읍시오	옵시오	보아
하오	ㅣ	으ㅣ	ㅣ	
반말	ㅣ	으ㅣ	ㅣ	
하게	소서	으ㅣ	ㅣ	읽어
하야라	게 로맞친다 動詞의 語尾에	으ㅣ	ㅣ	
	소 라	으ㅣ	ㅣ	ㅣ
	으ㅣ	ㅣ	ㅣ	ㅣ

풀이　『하옵시오』의 『옵소서』 『압소서』와
같은 것의 語根에는 『거』를 더 하야 _앙
『하오』의 『소서』는 흔히 글에 쓰이며 또
등이는 變例도 있다 _끔
『하야라』의 『라』가 動詞의 語根에 _{앙 등이}
어 『읽으라』이나 『보라』와 같이 되는 것도
오『나』라 가『거』라 『스』거라 있『거』라
밋『거』라
글에 많이 쓰이며 또 『라』가 動詞 『오來』
또 動詞 『주給』와 같은 것의 앞에 _{하야라}
와 같은 것의 語根에는 『나』를, 또 動詞
의 『라』를 _{앙 등이}는 境遇에 『주라』이나
『가往』이나 『스立』이나 『있在』이나 밋『信』과
『주어라』로 하는 것이 常例이나 第一人이

第二人에게 對하야 自己에게 그 무엇을 달
나는 境遇에는 『다고』이나 『다오』로 되는
일다 있다

있은이 그 더 하야 지는 『ㅂ』는 그 詞
와 한게 아울러어 한 낫으로 역이는 것
이 옳다 달른 例中에도 다 이와 같이
됨을 參酌할 것이다

　　ㄱ音動詞
　　ㄱ音形容詞詞
　　ㄱ音動詞
　　ㄱ音動詞
　　ㄱ音形容詞

쪼다………쫍다
고다………곱다
도우다……도웁다
치우다……치웁다

第四十節　感歎吐의 用法

感歎吐中 用法에 注意 되는 것들은 大
概 『그려』『구면』『군』『걸』『군아』『ㅁ』
들인이 알과 같이 ㅇ 당이어 쓰인다

(一) 『그려』의 ㅇ 당임

『그려』는 따지어 굳세게 하는 感歎의 뜻
인이 大概 알과 같은 種類의 各種待遇(반

(三) 形容詞(語根과 語尾를 가진)의 알
에 쓰이는 終止吐의 ㅇ 당임

形容詞의 알에 쓰이는 終止吐와
疑問吐의 ㅇ 당임은 動詞의 그 것들과
같은 中 다만 알과 같이 若干의 異例가
있을뿐이다

不述吐 『하게』의 『네』가 形容詞의 알에
別로 ㅇ 당이어 지지 않이 한다

또 받침 없이 된 ㄱ音이나 ㄱ音形容詞
(動詞도)의 알에 『하야라』의 『다』를 ㅇ
많이는 境遇에 音便을 말미암아 혼히 그
詞에 『ㅂ』를 더 하야 ㅇ 당이는 알도

말은 말고)로 되는 終止吐의 알에나 或 그 終止吐로 兼하야 응 등이어 쓰인다

詞의分別	待遇 ＼ 終止吐	平述吐	共動吐	命令吐
名詞이나代名詞의알	하옵시오	꼿이옵니다ー		
	하오	꼿이오ー		
	하게	꼿일세ー		
	하야라	꼿이다ー		
動詞의알	하옵시오	보옵니다ー	보옵시다ー	보옵시오ー
	하오	보오ー	보시지오ー	보시오ー
	하게	보네ー	보세ー	보게ー
	하야라	보다ー	보자ー	보아라ー
形容詞의알	하옵시오	좋으옵니다ー		
	하오	좋소ー		
	하오	좋으오ー		
	하게	좋으이ー		
	하야라	좋다ー		

(二)

「구면」「군」「걸」의 쓰임됨

「구면」「군」「걸」은 들어 더지는 感歎의 뜻이니 大槪 알과 같은 種類의 반말로 되는 終止吐로 쓰인다

詞의 分別	待遇＼終止吐	平述吐		
		구면	군	걸
形容詞의 알	반	좋ㅣ	좋ㅣ	좋을ㅣ 좋은ㅣ
動詞의 알	반	오는ㅣ	오는	오ㅣ 온ㅣ 오는ㅣ
名詞이나 代名詞의 알	반	맛이로ㅣ 맛이ㅣ	맛이로ㅣ 맛이ㅣ	맛임ㅣ 맛인ㅣ

의 「구면」이나 「군」은 名詞이나 代名詞의 알에는 「이로」이나 「이」를 더 하고 動詞의 알에는 「는」을 더 하고 形容詞에는 그 語根에 그대로 쓰이며 「걸」은 各詞의 알에 助吐 「는」이나 「ㄴ」이나 「ㄹ」를 더 하야 쓰인다

(三)

「군아」의 쓰임됨

「군아」는 「군」이나 「구면」과 같이 들어 더지는 感歎의 뜻이니 大槪 알과 같은 種類의 「하야라」로 되는 終止吐로나 或 終止吐의 알에 쓰인다

詞의 分別	待遇＼終止吐	平述吐	共動吐
形容詞의 알	하야라	좋ㅣ 좋다ㅣ	
動詞의 알	하야라	보는ㅣ	보자ㅣ
名詞이나 代名詞의 알	하야라	맛이로ㅣ 맛이ㅣ	

의 『군아』는 共動吐 『자』의 알에 잉 등

이는 外에 各詞의 알에 大槪 『구면』이나

『군』처럼 잉 닿인다

[풀이] 『그려』이나 『군아』가 발침 없이 된

境遇에는 音便에 말미암아 그 詞에 흔이

『ㅂ』를 더 하야 잉 닿이는 일도 있다

ㅜ音動詞이나 ㅜ音形容詞의 알에 잉 닿이는

ㅜ音動詞　　도우그려……도웁그려

ㅜ音形容詞　치우그려……치웁그려

　　　　　　치우군아……치웁군아

(四)

『ㅁ』의 잉 닿임

『ㅁ』를 不足을 늣기는 感歎의 뜻인이 大槪

알과 같은 種類의 『하야라』로 되는 終止吐

에 더 하야 잉 닿인다

[풀이] 『ㅁ』는 우와 같이 『하야라』이나 『반말』의

終止吐에 더 하야 『하야라』로 되는

境遇로 쓰인다

詞의 分別 ＼ 終止吐	遇待	平述吐
名詞이나 代名詞의 알	하야라	이라-
名詞의 알	하야라	꼿이라-
動詞의 알	하야라	하다-
形容詞의 알	하야라	좋다-

第四十一節　助吐의　用法 (二)

助吐는 第三十八節에 보인 바와 같이

各詞의 알에 잉 닿이어 열어 가지의

形便이나 關係를 날아 나이는 外에 도

다시 그 알에 달른 助吐이나 終止吐이

나 感歎吐들 거듭 하야 그러한 意思

를 날아 나이기도 한다 그러하나 助

吐마다 다 그 알에 달른 吐를 거듭 하

는 것이 않임이라 그러 하게 되야 지는

것도 잇고 또 그러 하게 않임이 되야 지

는 것도 있다

(一) 달른 助吐를 거듭 하는 例

가

　가나、 가는、 가도、 가만、 가뿐

잤

　잤거나、 잤거늘、 잤거니、 잤거니와、 잤건대、
　잤고、 잤기、 잤길내、 잤은、 잤으나、 잤나니、
　잤는、 잤으되、 잤을、 잤으며、 잤으면、
　서、 잤은이、 잤은즉、 잤지、

[풀이] 받침 있이 된 助吐가 그 알에 달
른 助吐를 응 등이는 法은 받침 있이 된
動詞이나 形容詞의 語根에 吐를 응 등이

境遇에 『으』이나 或 달른 音을 더 하야
응 등이듯기 또한 『으』이나 或 달른 音을
더 하야 응 등인다

잤어 (잤의 語尾)

　잤어도、 잤어만、 잤어서

[풀이] 助吐中 動詞의 語尾에 응 등이어
지는 것들이 語根과 語尾를 가진 助吐의
알에 응 등이는 境遇에도 또한 그 吐의
語尾에 응 등인다

게

　게고 게나 게나마 게까지 게는 게도 게
　만 게를

助吐는 이와 같이 달른 助吐들을 거듭하야
쓰인이 남저지는 날아나는 말에 딿아 그
區別하야 밀어 헤알일 것이다

(二) 感歎吐를 거듭 하는 例

助吐中 感歎吐를 거듭 하는 것들은 大槪
『겠』『ㄴ』『는』『드』『ㄹ』『시』『쓰』『이』
들인이 그 例는 알과 갇다

助吐 / 感歎吐	겠	ㄴ	는	드
그려	ㅣ	ㅣ	ㅣ	ㅣ
구면	ㅣ	ㅣ	ㅣ	ㅣ
군	ㅣ	ㅣ	ㅣ	ㅣ
군아		ㅣ	ㅣ	ㅣ
걸			ㅣ	ㅣ
ㅁ			ㅣ	

(三) 終止吐를 거듭 하는 例

助吐中 終止吐를 거듭 하는 것들은 大槪
『겠』『ㄴ』『는』『드』『ㄹ』『뿐』『시』『쓰』
『인』『지』들이오 또 그 알에 더 하야 지는
終止吐은은 動詞의 알에 쓰이는 平述吐와
疑問吐뿐인이 그 例는 알과 갇다

助吐	ㄹ	시	쓰	이
	ㅣ	ㅣ	ㅣ	ㅣ
	ㅣ	ㅣ	ㅣ	ㅣ
	ㅣ	ㅣ	ㅣ	ㅣ

助吐 / 吐의種類		終止吐	겠	ㄴ
侍遇				
平述				
하옵시오	옵니다 / 나니다 / 나이다 / 외다 / 다습니 / 다		ㅣ	ㅣ
하오	오 / 소		ㅣ	
반말			겠어	
하게	네 / 이 / 다		ㅣ	ㅣ
라하야 하야			ㅣ	ㅣ
疑問				
하옵시오	옵니가 / 가나니 / 가나이 / 가습니 / 가		ㅣ	ㅣ
하오	오 / 소		ㅣ	
반말	나 / 가 / 야 / 이		겠어	고
하게			ㅣ	ㅣ
하야라 하야			ㅣ	ㅣ

지	오	ー	ー	ー	이어일세	ー
이	ー	ー	ー	ー	써어	ー
써	ー	ー	ー	ー	써어	ー
시	ー	ー	ー	ー	시어	ー
뿐	이	이	이	이	이어일세이	이
ㄹ	이다			이		이
드	이다			이	라	
는						

지	오	ー	ー			
이	ー	ー	ー	이어		
써	ー	ー	ー	써어		
시	ー	ー	ー	시어		
뿐	이	이	이	이이		
ㄹ	가요	이가	이이			
드		이고				
는				고		

[풀이] 우에 보인 바 表中 語根와 語尾를
가진 助吐는 『반말』에 그 語尾로 그 꼿을
마물른다

助吐 『ㄴ』의 알에 疑問吐 『반말』은 『고』로
되야 꼿을 마물른다

助吐 『ㄴ』의 알여 疑問吐 『반말』은 『고』로
되야 꼿을 마물르고

또 받침 없이 된 動詞에나 ㄹ 받침으로 된
動詞(그 ㄹ 받침은 빠이고)에 응 등이어
現在現行의 意思를 날아 나이고 또 다시 그
알에 平述吐 『하야라』의 『다』를 응 등이는
境遇에는 『ㄴ』로 된다 끔

보는다 …………… 본다
…………… 본다
빈는다 …………… 빈다

助吐『드』의 알에 平述吐『하야라』의 『다』
는 『라』로 된다

助吐『ㄹ』의 알에 平述吐『하옵시오』는 『이』
다』로 되고 또 疑問吐『하옵시오』는 『가요』
로、『하오』는 『이가』로、『반말』은 『고』이나
『이』로 된다

助吐『ㅁ』의 알에 平述吐『반말』은 『이어』
로、또 『하게』의 『네』는 『일세』로 된다

助吐『이』의 알에 平述吐『하게』의 『네』는
『ㄹ세』로 된다

助吐『지』의 알에 平述吐와 疑問吐의 『하옵
시오』는 『오』로 되고 또 『반말』과 『하게』
와 『하야라』는 몰우 『지』 그대로 그 곳을
마물른다

助吐『잿』은 平述吐의 우에 거듭 하야 未

來의 뜻을 날아 나이기에 쓰이나 그러 하나
남에게 對하야 以後에 읋지 하겠다고 許諾
을 하거나 言約을 하는 境遇에는 不述吐『하
게』와 『하야라』의 待遇에만 限하야

주겠비………줌세
주겠다………줌아
담겠비………담음세
담겠다………담음아

둘과 같이 動詞를 ㅁ 받침 行動名詞처럼 하
고 다시 그 알에 『하게』에는 『세』를、『하야
라』에는 『아』를 더 하야 그 곳을 마물르
는 일도 있다

第三編　말

第八章　句　語

第四十二節　句節의　定義와　成分

句語이라 하는 것은 詞와 吐들이 모이
어한 낫 完全한 意思를 벼푸는 것인
이이에 主語와 述語와 客語와 修飾語
의 네가지 成分이 있다

[풀이] 『말』이라 하면 第一編 第二章 第一
節에 보인 바와 같이 울이의 意思를 날아
나이는 것이라 하야 그 뜻이 넓으나 이에
말하는 바 句語이라 함은 반듯이 主語와 述
語를 가추어 일우는 것을 뜻함인이 그 仔
細한 것은 이 알에 보아라

(一)　主語

꽃이 핀다、 물이 맑다、 뫼가 높다、
의 꽃 물 뫼들과 같이 한 낫 句語의 主
格이 되는 말을 主語이라 한다 이것은 名
詞이나 代名詞의 알에 助吐를 더 하야 된
다、

○名詞로 되는 것
살암이 있소、 새가 운다、 개가 짖는
다、

○代名詞로 되는 것
내가 가겠소、 네가 하얏다、 누구가
오는야、

[풀어] 은어 한 學說에는 主語를 『임자감』
이라 한다

(二)　述語

손이 오오、꽃이 붉다、이 것이 붓
이다、

의 외 붉 빗들과 같이 한 낫 句語의 主
語의 움작임이나 形容을 벼푸는 말을 述語
이라 한다 이 것은 名詞이나 代名詞이나 動
詞이나 形容詞(語根과 語尾를 가진)의 알에
終止吐를 더 하야 된다

○名詞로 되는 것
　저 아해가 學生이오、저 것은 冊이다

○代名詞로 되는 것
　네가 누구인야、여 거가 어대이오、

○動詞로 되는 것
　소가 누었다、물이 흘르오

○形容詞로 되는 것
　나무가 길다、불이 밝다

[풀이] 述語는 主語에 對하야 說明하는 말
인고로 說明語이라고도 하며 또 읍어 한 學
說에는 『풀이감』이라 한다

(三) 客語
　學生이 글을 읽는다、저 이가 굴임

의 굴 글임과 같이 한 낫 句語의 主語의
움작임을 받는 客格 되는 말을 客語이라 한
다 이 것은 한 句語의 述語되는 動詞가
他動詞 되는 境遇에 名詞이나 代名詞의 알
에 助吐를 더 하야 된다

○名詞로 되는 것
　아해가 꽃을 딴다
　學生이 冊을 본다

○代名詞로 되는 것

빌이 나을 쓴다、

네가 무엇만 보는야、

풀이 을어 한 學說에는 客語를 「매임감」
이라 한다

(四) 修飾語

修飾語이라 하는 것은 한 낫 句語의 主語
이나 述語이나 客語이나 달른 修飾語를 修
飾하는 말이다

(甲) 主語를 修飾하는 例

붉 꼿이 피었다

맑은 물이 흘른다

의 붉은은 主語 꼿을、 맑은은 主語 물을
修飾한다

(乙) 述語를 修飾하는 例

白頭山은 높은 山이오, 저살앎이 뻘니
온다

의 높은은 述語 山을、 뻘니는 述語 온다
를 修飾한다

(丙) 客語를 修飾하는 例

저 아해가 큰 冊을 가지었다

내가 붉은 붓을 사았다

의 큰은 客語 冊을、 붉은은 客語 붓을 修
飾한다

(丁) 달른 修飾語을 修飾하는 例

썩 큰 범이 개를 물었다

이 것은 퍼 좋은 것이다

의 썩은 달른 修飾語 큰, 퍼은 달른 修
飾語 좋은을 修飾한다

修飾語는 名詞이나 代名詞이나 形容詞이나
副詞로 된다 끔 알과 같다

○名詞로 되는 例

유리 창、나무 못、來日 하자、이

제 한다、

○代名詞로 되는 例

누구 것、여기 있다、이리 오나라、

어대 가늗야、

○形容詞로 되는 例

높은뫼、낮은 곳、먹는 물、보는 冊、

○副詞로 되는 例

어서 가자、얼는 가자、집으로 가

자、되도록 하야라、

[풀이] 修飾語로 쓰이는 行動形容詞이나 行

動副詞가 他動詞로 되는 境遇에는 그 動詞

의 움작임을 받는 客語가 있다 끝

밥 먹는 아해、글씨를 쓰게 하시오

우에 보인 바 네 가지 成分中 主語와 述語

는 句語에 없지 못할 것이오 또 客語는 한

句語의 述語 되는 動詞가 他動詞 되는 境遇에

또한 없지 못할 重要한 部分이다 그러 함으

로 主語와 述語를 主成分이라 하고 主

語이나 述語나 客語를 修飾하는 修飾語를

副成分이라 한다

이 우에 보인 바 句語의 成分 全部는 알과

같다

句語의 成分 { 主成分...... { 主語 / 述語 / 客語 }　副成分......修飾語

第四十三節　句語의 部分과 部分의 種類

句語의 部分이라 하는 것은 한 낫 句

(一)　는 갈피인이 이예 主部와 說明部와 客部가 있다

主部이라 하는 것은 한 낫 句語의 안에서 主 되는 部分인이 主語로 나 또 그 主語에 딸린 修飾語를 아울르어 된다

主
물이 흘른다

修 主
맑은 물이 흘른다
主部

(二)　說明部이라 하는 것은 主部의 說明하는 部分인이 述語로나 또 그 述語에 딸린 修飾語를 아울르어 된다

述
물이 흘른다

修 述
물이 콸콸 흘른다
說明部

(三)　客部이라 하는 것은 主部의 움작임을 받는 部分인이 客語로나 또 그 客語에 딸린 修飾語를 아울르어 된다

客
내가 붓을 사왔다

修 修 客
내가 썩 큰 붓을 사왔다
客部

部分은 그 成立에 말미암아 單部分과 複部分의 두 가지로 나누인다

(一)　單部分이라 하는 것은 한 낫의 主成分으로 되는 것인이 곧 앒과 갈다

主部	客部	說明部
主語	客語	述語

학생이 글을 배온다

(二)

複部分이라 하는 것은 두 낫 以上
의 主成分으로 거듭 되는것인이 끝

主部	客部	說明部
主語 主語	客語 客語	述語 述語
선생과 학생이	글과 글씨를	읽고 쓴다

이 우에 보인 바 句語의 部分 全部는 알과
같다

句語의 部分 {成立 {單部分 複部分} 뜻 {主部 客部 說明部}}

第四十四節 修飾語의 種類(一)

그 主成分을 도웁는 副成分인 修飾語도

그 成立에 말미암아 單修飾과 複修飾

의 두 가지에 나누인다

(一)

單修飾이라 하는 것은 다만 한 낫
의 修飾語로 되는 것인이 끝

흰 눈, 찬 설이, 눌은 빗,

(二)

複修飾이라 하는 것은 두 낫 以上
의 修飾語로 거듭 되는 것인이 끝

회고 찬 눈, 갈고 넓고 두터웁게 되
였다

[풀이] 修飾語의 修飾과 複修飾은 그 分別
이 서로 달른이 修飾語의 修飾은 그 우에
있는 것이 그 알에 있는 것을 도우어 줌
으로 그 뜻이 서로 응 당이어 지고 複修

節의 修飾은 그 우와 앞에 있는 것들이 各
各 나누이어 있음으로 그 뜻이 응 등이어
지지 않이 한다

第四十五節 修飾語의 種類(二)

修飾語는 그 쓰임에 말미암아 形容節
과 副詞節의 두 가지에 나누인다

(一)
形容節이라 하는 것은 名詞이나
代名詞를 形容하야 修飾하는 말
의 마디이다 끔

○名詞를 修飾하는 形容節의 例

形
둥글은 달、

形
맑고 찬 물、

形
집에서 온 아해、

形
나무에 많이 핀 곳
높은 곳에 많이 핀 꽃

形
그 前 불어 저 곳에 있는 物件

(二)

○代名詞를 修飾하는 形容節의 例

形
검고 풀은 것

形
높이 보이는 저 곳

十年만에 米國서 돌아 온 그 이

房에서 글씨를 쓰고 있는 이

副詞節이라 하는 것은 動詞이나
形容詞이나 副詞를 도우어 修飾하
는 말의 마디인이 끔

○動詞를 修飾하는 副詞節의 例

副
이제 간다、

副
매오 일즉 온다、

副
높은 곳에 누었다、

副
오늘도 어제 처럼 저대로 간다、

副
저 山 우에 보이는 집에 살앎이 있다,

○形容詞를 修飾하는 副詞節의 例

副
저 곳에 우두커니 보는,

副
매우 밝은,
副
아주 훨신 맑은,

副
眼 없이 진 하게 즐은,

○副詞를 修飾하는 副詞節의 例

副
아주 좋게,
副
東에서 西으로 길게,

副
그 前보다 꽥 빨르게,

副
水晶 빗 갈아 석 맑게,
副
물ㅅ듯 말ㅅ듯 하게,

풀이 우에 보인 바 節이라 함은 말의
마듸이라 함인이 이는 主語이나 述語을 가
추지 않이 하고 다만 그와 같이 名詞이나
代名詞이나 助詞이나 形容詞이나 副詞를 修飾
하기에 딸인 몰음 말의 部分을 휘 몰아서
일칼으는 것이다 그러함으로 形容詞中 主語
또 역일만 한 것이 있는 境遇에는 그 主
語로 역어어 지는 名詞이나 代名詞의 알에
主格을 날아 나이는 助吐「이」이나「가」와
같은 것들을 더 하지 말고 助吐「의」를
더 하야 그 것을 冠置形容詞로 하는 것이

文法上 正則이다 끔

○그 이가 오는 것을 내가 보왔다

○그「의」오는 것을 내가 보왔다

○「꼿이 붉은 것을 저 이가 보왔다」는

꼿『의』 붉은 것을 저 이가 보았다

와 같다

와 같이 『가』이나 『이』는 『의』로 함이 옳다

이 우에 보인 바 修飾語의 種類 全部는 알
와 같다

修飾語의 種類 — 成立 { 單修飾 / 複修飾 }, 쓰임 { 形容節 / 副詞節 }

第四十六節　句語를 일우는 法

句語를 일우는 法이라 하는 것은 句語
의 成分을 벌이어 한 句語를 만드는
法인이 이에 正序法과 倒置法과 省略
法의 세 가지가 있다

(一) 正序法이라 하는 것은 한 句語를
일우는 正當한 次序인이 主語는
우에, 述語는 알에, 客語는 主語와 述語
의 사이에 修飾語는 그 修飾하고자
하는 말의 우에 벌인다 그 各例는 알
과 같다

(甲) 主語와 述語를 벌이는 法

主部	說明部
主語	述語
꼿이	핀다

(乙) 客語를 벌이는 例

主部	客部	說明部
主語	客語	述語
제비가	물을	찬다

(丙) 修飾語를 벌이는 例

主部	客部	說明部
修飾語　主語	修飾語　客語	修飾語　述語

| 겸은 | 제비가 | 마리은 | 물을 | 룩룩 | 찬다 |

우에 보인 바 묻은 表에 말미암아 한 句語
의 일우어 지는 次序를 다시 말하자 하면
主部는 우에、說明部는 알에、客部는 그 사이
에、또 한 部分의 안에 있는 副成分인 修飾
語는 우에、主成分인 主語이나 客語이나 述語
는 알에 벌이어 진이 끔 알과 같다

(甲)
主成分으로만 일우어 지는 例

主部	客部	說明部
主語	客語	述語
成主分	主成分	
主成分		

(乙)
主成分과 副成分으로 일우어 지는 例

主部	客部	說明部
副成分 主成分	副成分 主成分	主成分 副成分
主成分 副成分		

| 修飾語 主語 | 修飾語 客語 | 修飾語 述語 |

(二)
倒置法이라 하는 것은 正序法을
끔치어 主語와 客語와 述語의 次
序를 거구로 벌이는 것인이 그 例
는 알과 같다

(甲)
主語와 述語의 거구로 벌이어 지는 例

述語	主語
가 왔 다 내 가	

(乙)
客語의 거구로 벌이어 지는 例 (一)

客語	述語	主語
책 을	가지었다	내 가

(丙)
客語의 거구로 벌이어 지는 例 (二)

| 述語 | 主語 | 客語 |

(三)

省略法이라 하는 것으 한 句語의
部分이나 或 그 部分에 딸인 助吐
를 덜어 빠이는 것인이 그 例는
알과 같다

主語의 덜어 지는 例

(甲)

主語	述語
나무가	있소

또 名詞이나 代名詞가 한 句語의 主語로
쓰이는 境遇에 그 앞에 主格 됨을 날아
나이기에 쓰이는 助吐 『가』이나 『이』를
더 하지 않기도 한다

내가 가겠다……………나□ 가겠다
살암이 온다…………살암□ 온다
내가 가겠다…………나□ 가겠다

主語	客語	述語
내가	책을	가지었다

(乙)

述語의 덜어 지는 例

主語	客語	述語
내가	책을	사 았다

(丙)

客語의 덜어 지는 例

主語	客語	述語
아해가	책을	사았다

또 名詞이나 代名詞가 한 句語의 客語로
쓰이는 境遇에 그 앞에 客格 됨을 날아
나이기에 쓰이는 助吐 『을』이나 『를』를
더 하지 않기도 한다

내가 꼿을 딴다……………내가 꼿□ 딴다
그 이가 저 것을 가진다……………내가
저 것□ 가진다

우에 보인 바 句語의 일우어 지는 法을 한

번 다시 풀어 보면 句語는 部分으로, 部分은 成分으로, 成分은 詞로 말미암아 된다 그러하나 다만 感嘆詞는 달른 詞처럼 成分으로 되지 못하고 한 句語의 우에 더 하야 늣김의 음어 함만 날아 나인다 그 例는 알과 같다

『하』 내가 이러 한 것은 처음 보았소 그려

『흥』 저 아해가 이제 오는 군아

『에구』 큰 일이 나왔다

이 우에 보인 바 句語의 일우어 지는 法 全部는 알과 같다

句語의 일우어 지는 法 ⎰ 正序法
⎱ 倒置法
省略法
感歎詞의 用法

第四十七節 句語의 種類 (一)

句語는 그 終止吐의 뜻에 말미암아 平述句語 疑問句語 共動句語, 命令句語, 感嘆句語의 다섯 가지에 나누인다

(一) 平述句語

살암이 오오　　물이 흘른다

날이 치우웁니다　　저 것이 꼿일세

물과 같이 平述吐로 그 꼿을 마물르는 句語를 平述句語이라 한다

(二) 疑問句語

살암이 오오　　물이 흘르는야

날이 치우웁니가　　저 것이 꼿인가

물과 같이 疑問吐로 그 꼿을 마물르는 語를 疑問句語이라 한다

(三) 共動句語

어서 가옵시다　　　　래일 하세

글씨를 쓰자　　　　저 것을 보시지오

둘과 같이 共動吐로 그 곳을 마믈르는 句語를 共動句語이라 한다

(四)
命令句語

둘과 같이 命令吐로 그 곳을 마믈르는 句語

저리 가옵시오　　　래일 하야라

글씨를 쓰어라　　　저 것을 보게

둘과 같이 命令句語이라 한다

(五)
感嘆句語

그 곳이 붉으옵니다 그려

아 이 것이야 참 좋구면

저 살암이 오는 군아

저 것이 册이람

둘과 같이 感嘆吐로 그 곳을 마믈르는 句語

틀 感嘆句語이라 한다

句語는 그 成立에 말미암아 單句語와
複句語의 두 가지에 나누인다

第四十八節 句語의 種類 (二)

(一)
單句語

主部 {아참 해가　說明部 {빗친다

主部 {그 아해가　客部 {글을　說明部 {읽는다

主部 {붉은 꼿이　說明部 {많이 피었네

客部 {고기가　主部 {풀을　說明部 {많이 먹는다

둘과 같이 다만 한 낫의 主部와 說明部와 或 客部로 말미암아 일우는 句語를 單句語이라 한다

【풀이】 部分이 複部分으로 되는 境遇에도 또 한 이와 갇이 된다

(二) 複句語

　　單句語　나는 글을 읽고
　　單句語　너는 글씨를 쓴다

　　單句語　져 살암이 오거든
　　單句語　나는 져러 가고

　　單句語　너는 이리 오너라

　　單句語　울이가 가면
　　單句語　그 이가 오겠지

　　單句語　해가 지면
　　單句語　달이 돋는다

둘과 갇이 두 낫 以上의 單句語로 말미암 아 일우는 句語를 複句語이라 한다

第四十九節　句와 句의 種類

前節에 보인 바 複句語를 일우는 單句 語들은 한 複句語의 成分이라 그러함 으로 한 複句語의 안에 있는 그 成分 되는 各單句語를 複句語의 句이라 일 칼른다 이에 獨立句와 附屬句의 두 가지가 있다

(一) 獨立句

　　獨立句　개는 짓고
　　獨立句　닭은 울으오

　　獨立句　달은 밝고
　　獨立句　발암은 맑다

　　獨立句　선생은 갈아 치고
　　獨立句　데자는 배온다

둘과 갇이 두 句가 서로 主體이나 屬體 되 는 關係가 없이 各各 스스로 同等의 地位 됨을 날아 나이는 句를 各各 獨立句이라 한다

【풀이】 이러 하게 獨立句로만 일우는 句語

를 對立句語 或은 重句語이라 한다

(二) 附屬句

附屬句　物이 맑으면 ┐
獨立句　룡이 있다 ┘

附屬句　그 살암이 오거든 ┐
獨立句　너는 가거라 ┘

附屬句　뫼가 크어야 ┐
獨立句　골이 같다 ┘

이 『풀이 맑으면』이라 하는 附屬句는 『룡이 있다』이라 하는 獨立句의 述語 『있을』을 도우

어 그 까닭을 둥이고

『살암이 오거든』이라 하는 附屬句는 『너는 가거라』이라 하는 獨立句의 述語 『가』를 도우

어 그 때를 날아 나이고

『뫼가 크어야』이라 하는 附屬句는 『골이 같다』이라 하는 獨立句의 述語 『골이 같』을 도우어

그 形便을 버풀었다

그러 함으로 이와 같이 한 獨立句에 불치

어 지어 그 句의 說明部를 修飾하는 句를

附屬句이라 한다

[풀이] 이러 하게 한 獨立句와 附屬句로 일

우는 句語를 聯立句語이라 한다

第五十節　句語의 種類 (三)

句語는 그 옴기어지는 經緯에 말미암

아 自述語와 引證語의 두 가지에 나누

인다

(一) 自述語

나는 시골로 가겠다

너는 학교로 가거라

오날 놀라 오시오

들과 같이 말을 나이는 當者가 스스로 自

(二)

引證語

附屬句
△저는 시골로 가겠다고
引證語

獨立句
自述語
그 살암이 말을 하얏다

附屬句
引證語
自述語

獨立句
自述語
△오날은 놀라 가자고
그 이가 편지를 하얏다

둘과 같이 말을 나이는 當者가 남의 임에 한 번 한 말을 끌어 다시 옮기는 말을 引證語이라 한다.

[풀이] 引證語와 自述語는 恒常 한게 合하야 한낫 複句語로 되는 바 引證語는 附屬句로 自述語는 獨立句로 되되 引證語는 그 成立에 말미암아 單引證語와 複引證語의 두 가지에 나누인다

(甲) 單引證語
그 이가 편지를 하얏다
自述語
자긔는 법률을 배온다고
引證語

둘과 같이 다만 한 살암의 임에 한 말을 끌어 다시 옮기는 말을 單引證語이라 한다

(乙) 複引證語
그 일은 않이 된다고
引證語

引證語

△그 살암이 말을 하얐다고

自述語

저 아해가 말을 한다

△자기는 법률을 배온다고 引證語

그 이가 편지를 하얐다고 引證語

아모가 말을 하드라 引證語

△래일은 그 일이 되겠다고 引證語

그 이가 分明히 말을 하얐다고 自述語

片紙가 오았다 自述語

들과 같이 두 살암의 임에 한 말을 거듭

끌어 다시 옮기는 말을 複引證語이라 한다

풀이 세 살암 以上의 말을 거듭 引證하

야지는 複引證語는 없다

또 引證語는 그 옮기어 지는 語調에 말미

암아 正引證語와 準引證語의 두 가지에 나

누인다

(甲) 正引證語

△나도 가겠다고 正引證語

네가 말을 않이 하얐는야 自述語

△나도 글을 배온다고 正引證語

얼인 아해가 뜨어 들드라 自述語

들과 같이 남의 임에 한 말을 그대로 본

받아 끌어 다시 옴기는 말을 正引證語이라
한다

(乙) 準引證語

△너도 가겠다고
　　準引證語
네가 말을 않이 하얐는야
　　自述語
△저도 글을 배온다고
　　準引證語
얼인 아해가 뜨어 들드라
　　自述語

둘과 같이 남의 임에 한 말의 뜻만 끌
어 다시 옴기는 말을 準引證語이라 한다

【풀이】
우에 보인바 例中 正引證語의 主語
『나』가 準引證語의 主語로 되야서는 『너』이
나 『저』로 되얐다 正引證語의 主語의 境遇

에 『나』이라 일칼틈은 그 말을 한 살암의
흉내를 나이어 그대로 옴기는 것이오 準引
證語의 主語의 境遇에 『너』이나 『저』이라 함
은 그 말을 한 살암을 第二人이나 第三人
으로 치고 그 말의 뜻만 끌어 옴기는 까
닭이다

이 우에 보인 바 句語의 種類 全部는 알
과 같다

```
                     ┌ 平述句語
                     ├ 疑問句語
               뜻 ───┼ 共動句語
                     ├ 命令句語
                     └ 感歎句語

                     ┌ 單句語
句語의 種類 ─ 成立 ──┤
                     └ 複句語 …… ┬ 獨立句
                                  └ 附屬句

                     ┌ 自述語
               經緯 ─┤
                     │              ┌ 成立 ┬ 單引證語
                     └ 引證語 ──────┤      └ 複引證語
                                    └ 語調 ┬ 正引證語
                                           └ 準引證語
```

第五十一節　複句語를 일우는法

複句語는 單句語로 일우어 지는 바그 單句語와 單句語을 ᄋᆞᆼ 당이어 벌이기에 連接法과 排置法의 두 가지의 法則이 있다

(一) 連接法이라 하는 것은 句와 句를 한게 ᄋᆞᆼ 당이는 法인이 우 句의 述語에 終止吐를 빠이고 助吐를 더 하야 알의 句를 ᄋᆞᆼ 당이어 한 낫 複句語를 일우는 것과 또 우의 句가 引證語인 附屬語로 되는 境遇에 그 附屬語의 終止吐의 알에 助吐「고」를 더 하야 알의 句를 ᄋᆞᆼ 당이는 것의 두 가지가 있다

(甲) 우 句의 述語에 終止吐를 빠이고 助吐를 더 하야 알의 句를 ᄋᆞᆼ 당이는 例

○물이 가다
○배가 온다
　물이 가「면」 배가 온다

○달은 밝다
○발암이 서늘 하오
　달은 밝「고」 발암은 서을 하오

○나는 죽다
○마암은 앓이 變하오
　나는 죽어「도」 마암은 앓이 變하오

○저 살암이 온다
○나는 가겠다
　저 살암이 오「거든」 나는 가겠다

물과 갈이 우 句의 꼿에 助吐를 더 하

야 알의 句를 웅 딍인다

(乙) 引證語로 된 附屬句의 終止吐 알에 助吐

『고』(『하고』이라 하는 뜻)를 더 하야 알

의 句를 웅 딍이는 例

○거챠가 뜨어 난다

○하인이 말삼을 하옵니다

거챠가 뜨어 난다『고』하인이 말삼을

하옵다

○울이는 그러 한 일을 아니 한다

○내가 셜 을 하았소

울이는 그러 한 일을 아니 한다

내가 셜명을 하았소

○물터학은 매우 얼여운 한문이라

○션생님이 말삼을 하시었다

물터학은 매우 얼여운 한문이라『고』

선상님이 말삼을 하시었다

○그 일이 되았다

○던보가 오았다

○그 이가 던보를 가지고 오았다

그 일이 되았다『고』

그 이가 던보을 가지고 오았다

『고』그 이가 던보을 가지고 오았다

그러하닷 引證語인 附屬句의 終止吐의 알에

助吐『고』를 더 하는 法이 各詞의 알에

이는 各種 待遇로 된 終止吐에 마다 助吐

『고』를 더 하는 것이 않이다 그 더 하야

지는 것도 있고 或 않이 더 하야 지는 것

도 있으며 또 그 더하야 짐에도 音便에 말

미암아 若干의 變例가 있다

動詞이나形容詞의알					名詞이나代名詞의알					詞의分別 終止吐 待遇吐
하야라	하게	반말	하오	하옵시오	하야라	하게	반말	하오	하옵시오	
다 「고」	다 「고」	다 「고」	다 「고」	옵나니다 압니다 습니다 하나이다 「고」	라 「고」	라 「고」	라 「고」	라 「고」	올시다 외다 옵니다 「고」	平述吐
야 「고」	야 「고」	야 「고」	야 「고」	습나니가 압니가 하나이가 「고」	야 「고」	야 「고」	야 「고」	야 「고」	옵니가 습나니가 압니가 하나이가 「고」	疑問吐
시 「다」	자 「고」	자 「고」	자 「고」	옵시자 시자 「고」						共動吐
라 「고」	라 「고」	라 「고」	라 「고」	옵시라 시라 「고」						命令吐

一九八

러 한 뜻을 날아 나이기에 쓰이는 것이다

『풀이』 우에 보인바 表中 『고』는 各種吐의

『하옵시오』에 더 하는 外에 大槪 『하야라』에

며 하야 『하오』 以下의 몰은 待遇로 通用

되는 中 名詞이나 代名詞의 알에 쓰이는 平

述吐 『하야라』에는 반듯이 『라』의 알에 『고』

를 더 하야 『라고』로 되고 動詞의 알에 쓰

이는 共動吐 『하옵시오』의 『시자』이나 『옵시

자』는 그 『하야라』의 『자』에 助吐 『시』를

더 하고 命令吐 『하옵시오』의 『시자』이나 『옵시

『옵시라』는 또한 그 『하야라』의 『라』에 助

吐 『시』를 더 하야 尊待의 뜻을 날아 나

인 것이며 또 그 우에 助吐 『옵』을 더 하

야 『옵시』로 하야 謙遜의 뜻을 兼하야 보

인 것이니 언의 吐를 勿論하고 이와 같이

助吐 『시』이나 『오』를 더 하는 것은 다 그

(二)

排置法이라 하는 것은 句와 句를

벌이어 한 複句語를 일우는 法인

이 이에 正序法과 倒置法의 두

가지가 있다

(甲)

正序法이라 하는 것은 複句語를 일우는

正當한 次序인이 한 複句語가 몰아 獨立

句로만 일우어 지는 境遇에는 우와 알의

分別이 없이 벌이어 지되 萬若 그 中에

한 낫 附屬句가 있는 境遇에는 附屬句는

우에、獨立句는 알에、또 附屬句의 附屬句

가 있는 境遇에는 그 불치어 지는 附屬

句의 우에 그 것을 벌인다

○獨立句로만 된 複句語의 벌이어 지는 例

○附屬句와 獨立句로 된 複句語의 벌이어
지는 例

△발암은 자고 물결은 쉰다
　獨立句　　　獨立句

△물결은 쉬고 발암은 잔다
　獨立句　　　獨立句

△굴음이 일면 비가 온다
　附屬句　　　獨立句

△꼿이 피면 나비가 온다
　附屬句　　　獨立句

△그 살암이 오거든 이 것을 주라고
　　附屬句　　　　獨立句

언이가 말삼을 하시었다
　獨立句　　　附屬句

(乙)
倒置法이라 하는 것은 正序法의 次序를 곰치어 獨立句와 附屬句를 격구로 벌이는 法인이 그 例는 알과 같다

1、獨立句의 앞에 附屬句를 벌이는 例

△비가 온다 굴음이 일면
　獨立句　　　附屬句

△나비가 온다 꼿이 피면
　獨立句　　　附屬句

언이가 말삼을 하시었다
　獨立句

이 것을 주라고 그 이가 오거든
　附屬句

2、獨立句의 主語와 述語의 사이에 附屬句를 벌이는 例

△비가 굴음이 일던 온다
　　附屬句

△나비가 꼿이 피면 온다
　　附屬句

3、獨立句의 主語와 客語의 사이에 附屬
句를 벌이는 例

二〇〇

△언이가 그 이가 오거든
附屬句

이 것을 주라고 말삼을 하시었다
附屬句

△턴문학자가 오날은 일식이라고 말을 하
였다
附屬句

4、獨立句의 客語와 述語의 사이에 附屬
句를 벌이는 例

△언이가 말삼을 그 이가 오거든
附屬句

이 것을 주라고 하시었다
附屬句

△그 이가 말을 저 것은 않이 가진다고
하였다
附屬句

우에 보인 바 第三과 第四의 例는 引證
語인 附屬句로 되는 境遇에 或 그러 하

게 벌이어 지며 또 第四 獨立句의 客語
『말삼』은 『말삼하시기』로 『말』은 『말하기』로
끔 기 불침 行動名詞로 變하야 쓰이기도
한다

△언이가 말삼하시기를 그 이가 오거든
附屬句

△그 이가 말하기를 이 것을 주라고 하시었다
附屬句

저 것은 않이 가진다고 하였다
附屬語

이 우에 보인 바 複句語의 일우는 法全
部는 앞과 같다

複句語의 일우는 法 {連接法 排置法{正序法 倒置法}}

第五十二節 句語의 單字풀이

句語의 單字풀아라 하는 것은 한 句語

의 成分인 詞이나 吐되는 單字에 對하
야 한 낱식 따로 따로 그 음어 하게
되야 있음을 풀어 말 하는 것이다 그
例는 알과 같다

(一) 單句語의 單字풀이

효도는 열어 행실의 근본이다

【풀 이】

句語의 種類、平述句語、單句語、自述語

효도…… 普通名詞、無形名詞、單數、中性인이

는…… 助吐인이 名詞 『효도』의 알에 더
하야 그 詞를 그 句語의
主語로 쓰이었다
助吐『는』을 더 하야 그 句語의

열어…… 數量形容詞、未定數、ㄹ音形容詞、前
置形容詞인이 名詞 『행실』의 우에

더 하야 그 數交를 形容하얐다

행실…… 普通名詞、無形名詞、單數、中性인이
助吐 『의』를 더 하야 冠置形容詞
로 되야 名詞 『근본』을 形容하얐다

의…… 助吐인이 名詞 『행실』의 알에 더
하야 그 詞를 冠置形容詞로 하
에 쓰이었다

근본…… 普通名詞、無形名詞、單數、中性인이
그 句語의 述語로 쓰이었다

다…… 終止吐、平述吐、하야라인이 名詞
『근본』의 알에 『이』를 더 하야
잉 등이어 그 句語의 꼿을 마물
트었다

(二) 複句語의 單字풀이 (一)

저 열은은 그 학교로 가시고 이 아해는
평양으로 간다

二〇二

【풀이】

句語의　種類、平述句語、複句語、自述語인이

두　낫　獨立句로　되얐다

저……　指示形容詞、遠稱、ㄴ音形容詞、冠置
形容詞인이　名詞　『얼은』의　우에
더하야　그　存在를　指示하야　形容
하얐다

얼은……　普通名詞、有形名詞、單數、通性인이
助吐　『은』을　더　하야　그　句語의
主語로　쓰이얐다

은……　助吐인이　名詞　『얼은』의　알에　더
하야　그　詞를　그　句語의　主格으로
쓰이얐다

그……　指示形容詞、中稱、一音形容詞、冠置
形容詞인이　名詞　『학교』의　우에
더　하야　그　存在를　指示하야　形
容하얐다

학교……　普通名詞、有形名詞、單數、中性인이
助吐　『로』를　더하야　準副詞로　되
야　그　句語의　述語　『가』의　方向
을　보이얐다

로……　助吐인이　名詞　『학교』의　알에　더
하야　그　詞를　準副詞로　하기에
쓰이얐다

가……　自動詞、ㅏ音動詞、語根인이　그　句
語의　述語로　쓰이얐다

시……　助吐인이　動詞　『가』의　알에　더
하야　尊待의　뜻을　날아　나이얐다

고……　助吐인이　助吐　『시』의　알에　더하
야　그　句語의　끗을　마물르고　또
그　알의　句語를　接續하기에　쓰이
얐다

이……指示形容詞、近稱、ㅣ音形容詞、冠置
詞를 準副詞로 하기에 쓰이었다

形容詞인이 名詞『아해』의 우에
더 하야 그 存在를 指示하야 形
容하았다

아해……普通名詞、有形名詞、單數、通性인이
助吐인 『는』을 더 하야 그 句語의
主語로 쓰이었다

는……助吐인이 名詞 『아해』의 알에 더
하야 그 詞를 그 句語의 主格으
로 하기에 쓰이었다

평양……固有名詞、有形名詞、單數、中性인이
助吐 『으로』를 더 하야 準副詞로
되여 그 句語의 述語 『가』의 方
向을 보이었다

로……助吐인이 固有名詞 『평양』의 알에
『으』를 더 하야 응 딯이어 그

二〇四

가……自動詞、卜音動詞、語根인이 그 句
語의 述語로 쓰이었다

ㄴ……助吐『ㄴ』의 音便으로 變한 것인
이 動詞 『가』의 알에 더 하야 現
在 現行의 意思를 날아 나이었다

다……終止吐、平述吐、하야라인이 助吐
『ㄴ』의 알에 응 딯이어 그 句語
의 끗을 마물 뜨렸다

(三) 複句語 單字풀이 (二)

저 이가 工夫를 잘 하면 將來에 조흔
살암이 되겠습니가

【풀 이】

句語의 種類、疑問句語 複句語 自述語인이
한 낫 附屬句와 獨立句로 되았다

저……指示形容詞、遠稱、ㄴ音形容詞、冠置形容詞인이 代名詞 『이』의 우에 더 하야 그 存在를 指示하야 形容하얏다

이……人類代名詞、第三人、單數、通性인이 助吐 『가』를 더 하야 그 句語의 主語로 쓰이었다

가……助吐인이 代名詞 『이』의 알에 더 하야 그 詞를 그 句語의 主格으로 하기에 쓰이었다

工夫……普通名詞、無形名詞、單數、中性인이 助吐 『를』을 더 하야 그 句語의 述語의 음작임을 받는 客語로 쓰이었다

를……助吐인이 名詞 『工夫』의 알에 더 하야 그 詞를 그 句語의 客格으로 하기에 쓰이었다

잘……形容副詞、原副詞인이 그 句語의 述語 『하』의 程度를 날아 나이었다

하……他動詞、ㅏ音動詞、語根、主動詞인이 그 句語의 述語로 쓰이었다

면……助吐인이 動詞 『가』의 알에 더하야 그 句語의 꼿을 나물드고 또 그 알에 句語를 接續하기에 쓰이었다

將來……普通名詞、無形名詞、單數、中性인이 助吐 『에』를 더 하야 準副詞로 되야 그 句語의 述語 『되』의 때를 보이었다

에……助吐인이 名詞 『將來』의 알에 더

하야 그 詞를 準副詞로 하기에
쓰이었다

종……普通形容詞、ㄱ音形容詞、語根인이
助吐『ㄴ』를 더 하야 冠置形容詞
로 되야 名詞『살암』을 形容하얐다

ㄴ……助吐인이 形容詞『종』에 『으』를
더 하야 웅 둥이어 그 詞를 冠
置形容詞로 하기에 쓰이었다

살암……普通名詞、有形名詞、單數、通性인
이 助吐『이』를 더 하야 그 句語
이어 準副詞로 되야 그 句語의
述語『되』의 돌아 둥임을 날아나
이었다

이……助吐인이 名詞『살암』의 알에 더
하야 그 詞를 準副詞로 하기에
쓰이다

되……自動詞、－重母音動詞、語根인이 그
句語의 述語로 쓰이었다

졌……助吐인이 動詞『되』의 알에 더
하야 未來의 意思를 날아 나이었다

숩니가…終止吐、疑問吐 하읍시오인이 助吐
『졌』의 알에 웅 둥이어 그 句語
의 끗을 마물르었다

【풀이】 우에 보인 바 『單字풀이』의 例는
그 大槪만 들은 것이며 또 共動句語이나
命令句語이나 感歎句語의 單字풀이들은 그
終止吐들만 달르게 될뿐이기로 이에 들지
않이 한이 다 이에 밀우어 혜알일 것이다

第五十三節　句語의 글임풀이

句語의 『글임풀이』라 하는 것은 한
句語의 成分을 낫낫히 나누어 풀어서

그 말 뜻의 서로 關係 됨을 보이는 것

인이 그 式樣은 알과 같다

(一) 標準줄

처럼 한 줄을 세로 날이 겅어 標準줄을 삼는다

(二) 部分 잘이

(甲) 主部와 說明部의 잘이

主部 잘이 ── 說明部 잘이

처럼 標準 줄을 조곰 걸치어 왼 쪽으로 向하야 中間에 가로 한 줄을 겅어 그 우는 主部 잘이를 삼고 그 알은 說明部 잘이를 삼는다

(乙) 客部의 잘이

主部 잘이 │ 客部 잘이 │ 說明部 잘이

처럼 中間에 두 줄을 겅어 세 間을 만들고 그 우에는 主部, 그 가운대는 客部, 그 알에는 說明部의 잘이를 삼는다

(三) 修飾語의 잘이

修飾語 잘이 │ 修飾語 잘이
主部 잘이 │ 客部 잘이 │ 說明部 잘이

처럼 各部에 修飾語가 있는 境遇에는 그 部의 主成分(主語이나 客語이나 述語)에서 옳은 쪽을 向하야 ㄱ形의 줄을 겅어 그에 딸인 修飾語 잘이를 삼는다

(四) 修飾語의 修飾語 잘이

修飾語 잘이 │ 修飾語 잘이
修飾語 잘이 │ 修飾語 잘이
主部 잘이 │ 客部 잘이 │ 說明部 잘이

처럼 修飾語의 修飾語가 있는 境遇에는
그 修飾語의 옳은 쪽에서 또 한 ㄱ形의
줄을 걹어 修飾語의 修飾語 잘이를 삼는다

우에 보인 바 式樣에 말이암아 各種句語의
글임풀이는 알과 같이 된다

(一) 單句語의 글임풀이

(甲) 내가 그것을 보았다

(乙) 썩 붉은 꽃이 많이 피었다

(丙) 네가 저 살암의 오든 것을 어제 아참
에 보았는야

(二) 複句語의 글임풀이

(甲) 저 이가 그 살암을 보면 서울 가는
일이 잘 되겠소

[풀이] 複句語에는 句와 句의 사이에 한

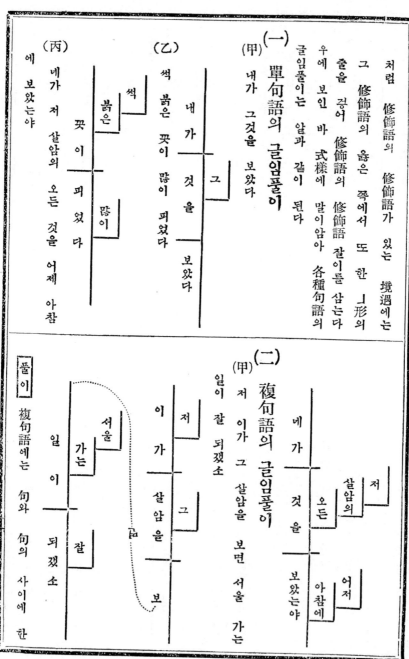

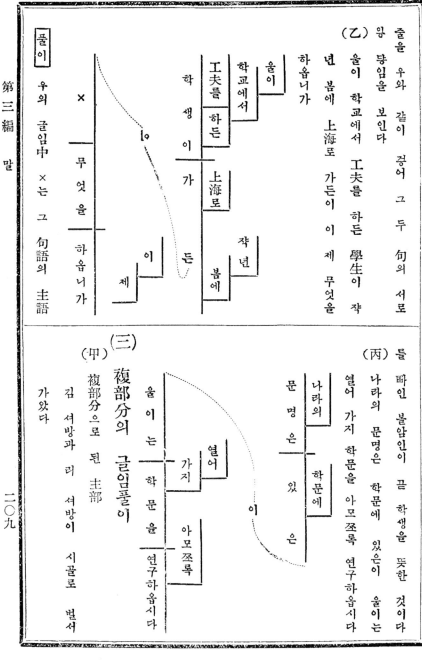

줄을 우와 같이 걲어 그 두 句의 서로 임 당임을 보인다

(乙)
년 봄에 上海로 가든이 이 제 무엇을 울이 학교에서 工夫를 하든 學生이 젹 하옵니가

울이 학교에서 工夫를 하든 학생이 가 上海로 젹년 봄에 이 제 든

[풀이] 우의 글임中 ×는 그 句語의 主語

× 무엇을 하옵니가

(丙) 를 빼인 불암인이 끍 학생을 뜻한 것이다
나라의 문명은 학문에 있은이 울이는 열어 가지 학문을 아모쪼록 연구하옵시다

나라의 학문에 문명은 있은 은 이

(三) (中) 複部分의 글임풀이
複部分으로 된 主部

울이는 학문을 연구하옵시다

울이는 학문을 열어 가지 아모쪼록 연구하옵시다

김 셔방과 리 셔방이 시골로 벌서 가왔다

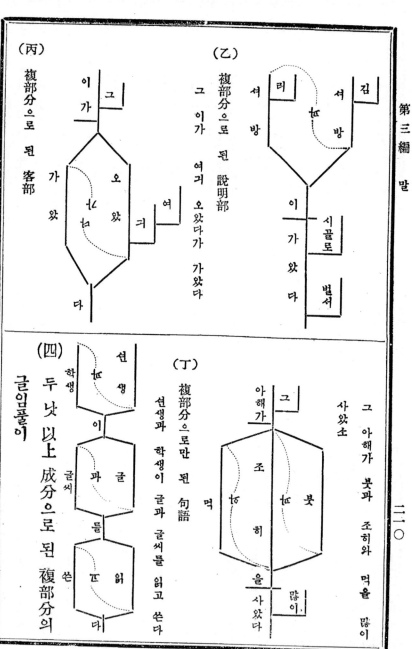

(丙)
複部分으로 된 客部

(乙)
複部分으로 된 說明部

그 이가 여기 오았다가 가았다

(丁)
複部分으로만 된 句語

션생과 학생이 글과 글씨를 읽고 쓴다

(四) 두 낫 以上 成分으로 된 複部分의
글임풀이

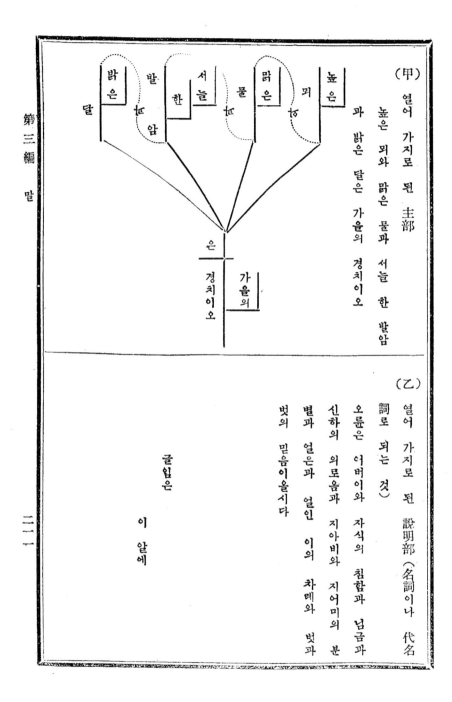

（甲）

열어 가지로 된 主部

높은 뫼와 맑은 물과 서늘 한 발암
과 밝은 달은 가을의 경치이오

높은 뫼
맑은 물
서늘 한 발암
밝은 달
은
가을의
경치이오

（乙）

열어 가지로 된 說明部 （名詞이나 代名詞로 되는 것）

오륜은 어버이와 자식의 친합과 님금과
신하의 의묘옴과 지아비와 지어미의 분
별과 열은과 열인 이의 차례와 벗과
벗의 믿음이올시다

글임은

이 알에

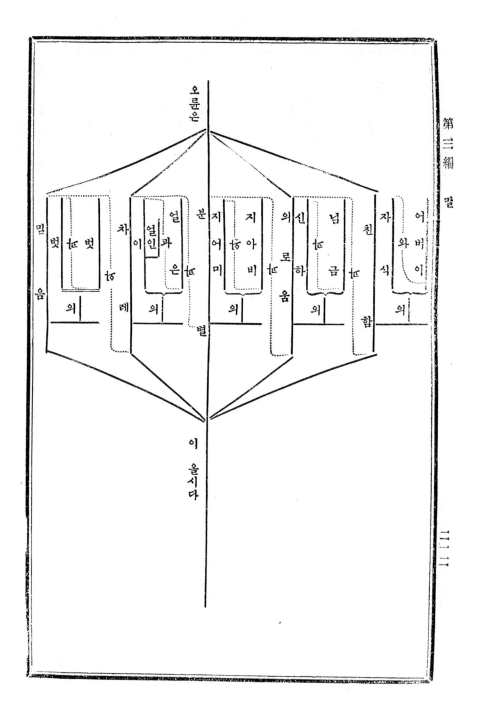

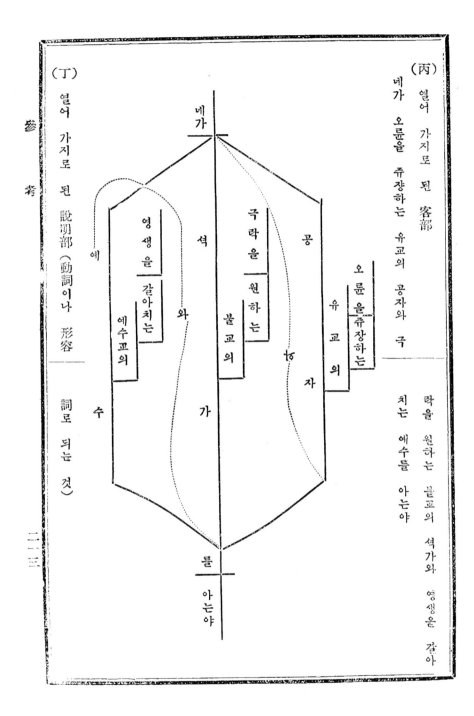

(丙) 열어 가지로 된 客部

네가 오륜을 쥬장하는 유교의 공자와 극락을 원하는 불교의 석가와 영생을 갈아치는 예수를 아는야

(丁) 열어 가지로 된 說明部(動詞이나 形容詞로 되는 것)

그 살암 이 어제 여긔 오아서 자고

가왔다

[풀이] 우에 보인 바 『글임풀이』는 그 大

概만 들은 것인이 남저지는 다 이에 말미

암아 해알일 것이다

◎參 考

울이 東方에 文字의 始初를 말하자 하면 이

제 불어 四千二百餘年前 檀君時代 불어 글이

있었다 하는 것은 史記에 分明히 쓰이어 있

고 그 뒤 一千二百餘年을 지나아서 箕子가

中國에서 울이 따에 들어 온 대 불어 漢

文이 퍼지기 始作하야 오늘 날에 일을 었다고

한다 또 이 것 外에 울이 살암들의 만들어

쓴 純全한 울이 글도 많이 있었다 그러 하

나 그 글이나 글자의 系統을 말하자 하면

勿論 같은 系統으로 各時代에 줄 을 등이어

傳하야 온 것은 않이나 그 글자의 形狀을

열어 가지로 밀우어 해알이면 大槪는 漢字에

서 그 基礎를 잡은듯 하다 이에 關係 되는 正

確한 歷史의 傳하야 온 것이 없은즉 그 자

최를 仔細히 불길도 없고 그 貌樣을 分明히

말할수도 없지만은 各 時代의 歷史를 읽어

보면 알과 같은 事實이 그 證據가 되야 울

이에게 그 若干을 일르어 출뿐이다

二二四

一、檀朝의 文字

仙人神誌이라 하는 글이 있어서 九變震檀
圖와 秘詞들을 적어 만들은 일이 있었다
한다 그러 하나 다만 그 끼친 자최로는
平壤 法首橋 碑文이 남아 있다 한다

二、扶餘의 文字

扶餘 時代에 王文이라 하는 살암이 柳
(文化)譜이라 하는 글월에 글씨를 쓰었는
대 그 글자의 形狀이 篆과도 같고 符와
도 같다 하았다

三、辰國의 文字

左行文字이라 하는 것이 있었다 한다

四、蝦夷의 文字

手宮文이라 하는 것이 있어서 南部朝鮮에
서 쓰이었다 한다

五、高句麗의 文字

片木書이라 하는 것이 있어서 寶露國과
黑水國에 和親을 맺는 글월을 傳하았다
한다

六、百濟의 文字

謙益이라 하는 이가 印度 梵字를 배오아
서 佛書의 律部 七十二卷을 百濟의 글로
飜譯하았다, 한다

七、新羅의 文字

刻木字와 吏讀와 口訣의 세 가지가 있었
는대 그 刻木字의 음어 하았음은 이제
알 수가 없고 다만 吏讀와 口訣은 李朝
時代까지 쓰이어 오았은이 그 大略을 들
면 알과 같다

(甲) 吏 讀

新羅 神文王 時代에 薛聰이라 하는 이가

몸은 博士들과 더불어 漢字의 音이나 색

임을 따아서 方言을 쓰도록 만들은 것이

『吏讀』인이 『吏頭』 『吏道』 『吏套』 『吏吐』

이라고도 한다

그 吏讀로 적은 新羅의 놀애 한 마듸 (處容

歌)를 들면 알과 같이 되얏다

東京明期月良　　　동경밝은달에

夜入伊遊行如可　　밤들이노니다가

入良紗寢矣見昆　　들어서잘이를보곤

脚烏伊四是良羅　　갈양이가네이러라

二肹隱吾下於叱古　둘은내해이고

二肹隱誰支下焉隱　둘은누의해언고

本矣吾下是如馬於隱　본대내해이언마은

奪叱良乙何如爲理古　빼아진것을을지하리고

(乙)　口　訣

口訣은 吏讀와 달르어서 句語를 일우기에

쓰이는 詞를을 다 적는 것이 않이라 다

만 말의 句節만 따아서 쑤는 것인이 끌

이제 울이 말의 吐이다 그러 함으로

吐이라 하는 말의 出處는 말 吏讀이다

그 두엇을 들면

父子隱天性之親羅生而育之爲愛而敎之隱奉而

承之古爲孝而養之尼爲飛

『隱』『是羅』『爲古』『於』『爲飛尼』들과 같다

이제 이 것들의 줄이어 쓰이는 例와

諺文의 繙譯은 알과 같다

隱　　　은　　　ㆆ

是羅　　이라　　ㅅㅅ

爲古　　하고　　ㄴㅁ

爲於　)余　하며
爲飛尼　))乚　하나니

이와 같이 吏讀와 口訣이 新羅時代에 創
作이 되었고 그 뒤에 口訣에 當한 釋義
는 麗朝末에 일을어서 鄭圃隱과 權陽村
두 先生이 더욱 完全히 일우어 맞치었다

八, 契丹의 文字 (申采浩氏의 朝鮮 古來文字
와 詩歌의 變遷論文中에서)

契丹은 本是 新羅와 文明을 다토든 渤海
國을 치어 없이 하고 물은 것을 그와
같이 본을 받았은즉 契丹의 文字의 淵源
이 아마 渤海國의 口訣에서 비롯 한듯
하며 그 形狀은 알과 같고 그 數爻는
겨우다섯 낱을 알아서 적을뿐이라 하였다

侤 山 支 用 陰

도 이외에 日本서 發行하는 東洋史를 參
考하야 보면 알과 같은 文字가 있다

脁 敕 走 馬
爨 乙 盍 用

九, 女眞의 文字 (우와 같은 論文中에서)

女眞의 文字는 中國 薩英韻의 古林外記에
보면 得勝陀頌에 女眞文字가 쓰이있는데
그 形狀이 알과 같다 한다

参 羊 关 羊
禿 禾 並 乑 ヤ 岗 奎 秉
禿 示 岗 伯 羑 羊 伴 禿 吴 反
禿 示 受 羊 反 岺 羔 米 太
吞 壱 庑 禿 文 承 ㅊ 斐 函 命
更 夆 岾
束 來 祟 夫

붕 戈 믗 太 亂 而 夅 史 牸 半
米 夾 史 変 △ 米 支 井 太 幸
米 亏 斗 芳 坙 竝 △ 米 旅
旅 方 庻 父 父 斧 圭 弓 里
米 尖 支 由 風 兵 凤 支 凧
亲 △ 史 示
禾 夫 帝 托 旾 更 皀 岀 仕 竝
寻 末 戻 仸 从 字 正 吏 府
申 支 尙 舌 等

一〇、高麗의 文字

高麗의 文字에 對하야는 高麗의 글이며
로 있었다 하는 한 낫 이약이만 남아
있다 高麗 光宗 時代에 음여 한 살암이
잡은고 밑에 「寒松亭曲」이라 하는 놀애를

高麗글로 쓰어서 그것을 물에 띄이었든이
그 검은고가 흘트어 江南國에 일을었으나
그 나라 살암들이 그 것을 호고 그 文
字의 뜻을 알지 못 하야 애를 쓰었다
그 뒤에 顯宗朝에 戶部尙書로 있든 張延
祐(一名은 晋山)가 使命을 밭 들고 그
나라에 가있었든이 그 살암들이 그 검은
고에 쓰인 글을 보이고 그 뜻을
그리 하야 張氏가 그 글의 뜻을 풀어
알게 하왔다 한다

二、李朝의 文字

李朝의 文字는 諺文과 軍頭目의 두 가지
가 있다

(甲) 諺文

李朝 第四代王 되시는 世宗大王께옵서 달

른 나라에는 各々 그 글이 있어서 그나
라의 말을 적어 쓰되 오측 울이 나라에
는 이 것이 없었음을 늘 歎息하시고 또
新羅 吏讀가 實로 말을 적기에 넉넉지
썼이 할을 깨달으시었다 그리 하야 大王
깨읍서 即位하신지 二十八年 丙寅(檀君紀
元三千七百七十八年 西歷 一千四百四十六年)
의 禁中에 國文局(一名은 正音廳)을 벼물
어 두시고 易學齋、鄭麟趾、保蘭齋、申叔舟
梅竹軒、成三問、太盧亭、崔恒 열여 분의 도
우어 들임으로 字母 二十八字를 짱으시고
이 것을 訓民正音이라 일갈므시어 나라에
頒布하시었은이 이 것이 끔 이제 울이
가 아는 바 諺文이다

ㄱ ㅋ ㆁ ㄷ ㄴ ㅂ ㅍ ㅁ ㅈ
ㅊ ㅅ ㅁ ㅎ ㆆ ○ ㄹ △
、 ㅡ ㅣ ㅗ ㅏ ㅜ ㅓ ㅛ ㅑ ㅠ
ㅕ

그 때에 明朝의 翰林學士 黃瓚이 맞침
遼東에 歸鄉살이로 오아 있었다 그리 하
야 大王께읍서 成三問 以外의 열여 臣下
를 그 곳에 보나이시어 諺文의 音韻을
묽어 보신 일이 열세 번이나 된다
그 뒤에 中宗朝에 일을어 訓蒙字會의 著
作이 있었고 正宗朝에 일을어 正音通釋이
날아 난 때까지는 字母 二十七字만 쓰이
었고 그 뒤로 이 제까지는 다만 二十五
字만 쓰이어 오았다 이 제 世宗大王께읍
서 訓民正音을 頒布하신 때에 나리신 敎
敎를 받들어 읽어 보면 그 결윽 하신

뜻이 어대에 있음을 可히 받들어 알 것
이다

國之語音이異乎中國하야與文字로不相流通
이라故로愚民이有所言欲이나而終不得伸其
情者ㅣ多矣라予ㅣ爲此憫然하 新製二十八
字하야欲使人人易習하야便於日用耳라

諺文의 字母로 글자를 일우기에는 漢文의
典型을 본 드이어서 第八節에 보인 것처럼
子音과 母音을 配合하고 또 받침을 하고
자 하는 境遇에는 第十四節 第十五節에
보인 것처럼 하야 오았다 그러 한대 이제
불어 十二三年前에 周時經氏의 징은 『말의
소리』와 그外 열어 人士의 著書이나 論
文을 읽어 보면 율이 글을 가로 쓰기를
主張한 것이 많다 그 가로 쓰기를 主唱

하는 理由는 大概 現代 文運의 進步와
實地使用의 便利함을 쫓침이라 한다 이려
한 議論의 實行 될 與否는 將次 음어
할지 알수는 없으나 그 가로 쓰는 例를
들면 알과 같다

○周時經氏의 가로 쓴 것의 한마듸

ㅂㄹ ㅣ ㅎ ㅏ ㄴ ㄴ ㄹ ㅂㄹ
ㄷ ㅏ ㄷ ㄹ ㅐ ㅁ ㄹ ㅏ ㅂ ㄹ
ㄱ ㅐ ㅂ ㅣ ㅎ ㅏ ㄴ ㄴ ㄹ ㅂㄹ ㄱ
ㄱ ㄱ ㅁ ㅕ ㄴ ㅈ ㅣ ㄴ ㅏ
ㄷ ㄹ ㅏ (ㅂ 뉸 ㅣ ˙‸ 는 ㅡ의 뜻)

○金科奉氏의 가로 쓴 것의 한 마듸

ㅅ ㅏ ㄴ ㅏ ㅈ ㄱ ㄹ ㅁ ㅜ ㄴ
ㅗ ㅁ ㅣ ㅎ ㅏ ㄴ ㅗ ㄹ ㄹ
ㅗ ㅣ

아ㄴ ㄷㄴ ㅁ ㄷㄴ ㅇㅓ ㄷㅏ (⊔는 一의 뜻)

우에 보인 바 가로 쓴 글자는 다 楷書

끔 正書의 體이다 이 것이 歐文 (ALPH

ABET)의 그 것과 같이 書籍을 印刷하

기에 쓰이는 鑄字의 體로는 좋으나 날마

다 千萬가지로 일어 나는 일을 딿아 적

母音 여섯 字

子音 열녁字

기에는 넘우도 더듸어 不便함을 말할 수

없은즉 또한 이에 對한 흘님 글씨 끔 草

書가 있어야 하겠다 이러 한 理由에 말

미암아 알과 같은 艸書의 體를 主張하는

이들도 적지 않이 하다

○李弼秀氏의 艸書體(小草)

이 外에 大草 곧 眞草體가 있으며 또 金
俊淵氏와 崔鉉培氏와 또 달른 분 一 帥書
體들이 있으나 그 字樣이 大同小異하기에
여거에 그 것들을 다 적지 않이 한다

(乙) 軍頭目

軍頭目이라 한는 것은 『軍都目』의 억읏 난
말이다 漢字의 그 뜻을 取하지 않이 하
고 다만 그 音만 따아서 맞치어 吏讀비
숫 하게 쓰는 것이다 이 것이 軍營의 文
簿에 쓰이어 오았슴으로 『軍頭目』이라 일
칼르는 것인이 곧 『軍頭目』에 쓰이는 글
자이라 하는 뜻이다 그 大概를 들면 알
과 같다

廣耳‥‥‥‥‥‥광이
豆太‥‥‥‥‥‥콩팟
大也‥‥‥‥‥‥대야
丐伊‥‥‥‥‥‥돌이
釗童伊‥‥‥‥‥‥쇠뚱이
介同伊‥‥‥‥‥‥개똥이
于蘭伊‥‥‥‥‥‥갓난이
宗子‥‥‥‥‥‥종자
寶兒‥‥‥‥‥‥보시기
大接‥‥‥‥‥‥대접
衣巨里‥‥‥‥‥‥의걸이

(二二) 울이 말의 됨됨이

울이 말의 됨됨이는 그 까닭이 참으로 열
어 가지로 되야 이 것을 容易하게 말할
수는 있으나 各詞中 特히 名詞에 對하야
그 됨됨이를 헤알이어 보면 大概 알과 같
은 區別이 날아 난다

二三二

（甲）뜻으로 된 것

十八九年前에 鄭喬先生의 纂述한 東言攷略
（朴承寓氏의 原著）을 읽어 보면 울이 말
의 됨됨이는 大概 漢字에서 그 뜻의 根
本을 비릇 하였다고 적었다 그 中에 그
러 하지 않인 것들도 있지 만은 大槪는
알과 같이 된 것들을 說明하야 놓았다

한을………韓乙

『韓』은 『큰』뜻이오 『乙』은 『것』이다
하는 뜻임으로 『天』을 『韓乙』이라 하
였다

라락………羅祿

『羅』는 新羅의 羅이오 『祿』은 끔祿
俸인이 新羅에서 祿으로 주는 쌀의 일
갈늠이다

해………解

『解』는 扶餘 夫婁王（檀君의 後孫）의
姓이다 日은 君의 象임으로 扶餘 살
암들이 『日』을 『解』이라 하였다

달………達

해의 빗이 빗치어 사마치는 것임으로
『月』을 『達』이라 하였다

물………沒

『물』는 沒의 變音이다 물의 性이 液
體로 되야 物件이 잘 빠아 짐으로
『水』을 『沒』이라 하였다

팔………把乙

『把』는 잡아 다기는 뜻이오 『乙』은 것
이라 하는 뜻임으로 『臂』를 『把乙』이
라 하였다

參考

二三三

（乙）　솔애로 된 것

배암……背黯

『배암』은 그 배가 희고 그 등이 검음으로 『蛇』을 『背黯』이라 하얏다

개암……皆黯

『개암이』는 그 몸이 다 검음으로 『蟻』를 『皆黯』이라 하얏다

모거……暮起

『모거』는 점은 때에 일어 나아 옴으로 『蚊』을 『暮起』이라 하얏다

감……甘

『감』은 그 맛이 달음으로 『枾』을 『甘』이라 하얏다

살구……殺狗

本草綱目에 杏仁이 能히 狗毒을 除한 다 함으로 『杏』을 『殺狗』이라 하얏다

꾀꼴……꾀꼴이（鶯）

매암……매암이（蟬）

귀뜰……귀뜰암이（蟋）

각각……까치（鵲）

까막까닥……까막이（烏）

맹꽁……맹꽁이（黽）

꿀꿀……꿀꿀이（猪）

뻑국……뻑국이（布穀鳥）

꿩꿩……꿩（雉）

맹꽥……맹갈이（鉦）

깡깡……깡깡이（稽琴）

（丙）

動作으로 된 것

달（懸）……달이（橋）

뛰（躍）……뫼뛰기（螽斯）

（丁）

밀달（推閉）⋯⋯⋯밀달이（窓戔）

갓난（始生）⋯⋯⋯갓난이（赤兒）

막난（亂生）⋯⋯⋯막난이（悖漢）（刀斧手）

살（生）⋯⋯⋯살암（人）

새（泄）⋯⋯⋯새암（泉）

形容으로 된 것

코걸（鼻長）⋯⋯⋯코길이（象）

박둑（碁）⋯⋯⋯바둑이（斑犬）

오둑（兀）⋯⋯⋯오둑이

록록⋯⋯⋯록기（兎）

──── （꿋） ────

昭和二年四月一日印刷
昭和二年四月五日發行

版權所有

우리글들

定價金一圓廿錢

著作者　金　熙　祥
　開城郡高麗町九三二番地의六

發行者　姜　義　永
　京城府鍾路二丁目八十四番地

印刷者　金　重　煥
　京城府西大門町二丁目一三九番地

印刷所　彰文社印刷部
　京城府西大門町二丁目一三九番地

發行所　永昌書館
　京城府鍾路二丁目八十四番地
　振替京城六二三一番
　電話光化門一五三三番

울이글틀

인쇄일: 2025년 3월 15일
발행일: 2025년 3월 30일
지은이: 김희상
발행인: 윤영수
발행처: 한국학자료원
서울시 구로구 개봉본동 170-30
전화: 02-3159-8050 팩스: 02-3159-8051
문의: 010-4799-9729
등록번호: 제312-1999-074호

잘못된 책은 교환해 드립니다.

정가 150,000원